Antología de poesías populares

Manuel Ibañez G.

Antología de poesías populares

COLECCION
UNIVERSO

EDITORIAL DIANA
MEXICO

1a. Edición, Enero de 1992
14a. Impresión, Noviembre del 2001

Diseño de portada: Graciela Flores y Ricardo Martínez

ISBN 968-13-2841-8

DERECHOS RESERVADOS
© Editorial Diana S.A. de C.V., 1995
Roberto Gayol 1219,
Colonia Del Valle,
México D.F., C.P. 03100

La continua demanda del pueblo por algunos poemas que ya son del dominio público, constituye demostración palpable de la alta calidad estética atesorada en el anonimato de las masas humanas, así como de la fina sensibilidad que las lleva a coincidir en la selección de piezas antológicas. Es ésta la razón total que ha impelido la publicación de *Antología de Poesías populares* y ofrecer así una contribución para satisfacer el reclamo de joyas selectas de la lírica que retribuyan la aspiración de aprisionar lo eterno en la belleza de la palabra.

CONTENIDO

11

A DIOS EN PRIMAVERA

Juan Ramón Jiménez
Moguer, Huelva, España. 1881-1958

Señor, matadme si queréis.
(Pero, Señor, ¡no me matéis!)

Señor, Dios, por el sonoro,
por la mariposa de oro,
por la rosa con el lucero,
los correntines del sendero,
por el pecho del ruiseñor,
por los naranjales en flor,
por la perlería del río,
por el lento pinar umbrío,
por los recientes labios rojos
de ella y por sus negros ojos...

¡Señor, Señor, no me matéis!
(...pero matadme si queréis).

A Gloria

Salvador Díaz Mirón
Veracruz, Ver., México. 1853-1928

No intentes convencerme de torpeza
con los delirios de tu mente loca;
mi razón es al par luz y firmeza,
firmeza y luz como el cristal de roca.

Semejante al nocturno peregrino,
mi esperanza inmortal no mira el suelo:
no viendo más que sombra en el camino,
sólo contempla el esplendor del cielo.

Vanas son las imágenes que entraña
tu espíritu infantil, santuario oscuro.
Tu numen, como el oro en la montaña,
es virginal y por lo mismo impuro.

A través de este vórtice que crispa
y ávido de brillar, vuelo o me arrastro,
oruga enamorada de una chispa,
o águila seducida por un astro.

Inútil es que con tenaz murmullo
exageres el lance en que me enredo:
yo soy altivo, y el que alienta orgullo
lleva un broquel impenetrable al miedo.

Fiado en el instinto que me empuja,
desprecio los peligros que señalas:
"El ave canta aunque la rama cruja,
como que sabe lo que son sus alas."

Erguido bajo el golpe en la porfía,
me siento superior a la victoria.
Tengo fe en mí: la adversidad podría
quitarme el triunfo, pero no la gloria.

¡Deja que me persigan los abyectos!
¡Quiero atraer la envidia, aunque me abrume!
La flor en que se posan los insectos
es rica de matiz y de perfume.

El mal es el teatro en cuyo foro,
la virtud, esa trágica, descuella;
es la sibila de palabra de oro;
la sombra que hace resaltar la estrella.

¡Alumbrar es arder! ¡Estro encendido
será el fuego voraz que me consuma!
La perla brota del molusco herido
y Venus nace de la amarga espuma.

Los claros timbres de que estoy ufano
han de salir de la calumnia ilesos.
Hay plumajes que cruzan el pantano
y no se manchan... ¡Mi plumaje es de ésos!

¡Fuerza es que sufra mi pasión! La palma
crece en la orilla que el oleaje azota.
El mérito es el náufrago del alma:
¡vivo, se hunde, pero muerto flota!

¡Depón el seño y que tu voz me arrulle!
¡Consuela el corazón del que te ama!
Dios dijo al agua del torrente: ¡bulle!
y al lirio de la margen: ¡embalsama!

¡Confórmate, mujer! Hemos venido
a este valle de lágrimas que abate,
tú, como la paloma, para el nido,
y yo, como el león, para el combate.

A GUADALAJARA

Juan de Dios Peza
México, D.F., México. 1852-1910

Te soñé desde niño, tierra de flores,
más valiera que nunca yo te soñara,
pues hoy sin esperanza, sin paz ni amores,
nada puedo ofrecerte, Guadalajara.

Ya con el alma enferma llegué a buscarte
para aliviar mi amarga melancolía,
y así cual te soñaba logré encontrarte,
con cármenes y vegas de Andalucía.

Tienes en tus palacios nuevas Alhambras
con Zaidas y Moraimas en sus vergeles,
y tus campestres fiestas son cual las zambras
que alegraban las cuestas de los Gomeles.

Mirando tus gardenias, tus tulipanes,
tus floridos naranjos, tus alelíes,
recuerdo aquellos campos de musulmanes,
tumbas de abencerrajes y de zegríes.

21

Mirando a tus mujeres deslumbradoras,
las de talles esbeltos y labios rojos,
¿quién no sueña en la magia de aquellas moras
de crenchas abundosas y negros ojos?

Árabe en tus pasiones y en tus festines,
bajo un diáfano cielo resplandeciente,
con azaleas y lirios de tus jardines
teje el amor guirnaldas para tu frente.

Búcaro de gardenias, tazón de aromas,
perla cual no la guardan índicos mares,
blancas, dulces y tiernas como palomas
son las felices reinas de tus hogares.

El sol brilla en tu cielo más fulgoroso,
te da con sus celajes clámides bellas,
y en ti, Guadalajara, todo es hermoso:
mujeres, flores, aves, nubes y estrellas.

De la noble franqueza cuna y abrigo,
de la virtud austera trono y escudo,
reina del Occidente, yo te bendigo
edén de las hermosas, yo te saludo.

De tu benigno clima como tesoro
no tiene en sus espacios región alguna,
tardes como tus tardes de nácar y oro,
noches como tus noches de blanca luna.

Yo que nací en un valle que Dios regala
con lagos y volcanes que el mundo admira,
ansioso de mirarte crucé el Chapala
y al rumor de sus ondas templé mi lira.

Eres cuna de genios, en ti han nacido
artistas, héroes, bardos, sabios, guerreros
y han sobre nuestra historia resplandecido
como en tus tibias noches tantos luceros.

Tazón de tuberosas y tulipanes,
ciudad de los palacios y las huríes.
Dime si te formaron los musulmanes,
si eres de abencerrajes o de zegríes.

Esas magas que ocultan en los chapines
pies que a Fidias y a Venus bellos recrean,
son las flores con alma de tus jardines,
gardenias que suspiran y pestañean.

Son embeleso, gloria, blasón y orgullo
de tu suelo en que hoy vibra la lira mía,
el canto de tus hijas es el orgullo,
del aura entre las vegas de Andalucía.

Tierra de los ensueños y de las flores
perla cual la que esconden índicos mares,
Dios que puso en tus selvas los ruiseñores,
mandó sus bendiciones a tus hogares.

Para poder cantarte me falta acento;
para mirar tu hechizo me falta calma,
llevo triste y de luto mi pensamiento
y el invierno y la muerte dentro del alma.

Cuando en tus claras noches sueñes dichosa
cuando con arreboles te adorne el día,
la brisa de tus campos dirá medrosa
lo que decir no puede la lira mía.

Siempre para ensalzarte seré el primero,
siempre mi pensamiento vendrá a buscarte;
y en medio de mis penas tanto te quiero
que en medio de mis penas no he de olvidarte.

Ya brilla del progreso la nueva aurora,
yo sé que al alejarme de tus linderos
pronto vendrá la rauda locomotora
trayendo a que te admiren nuevos viajeros.

Que a todos les cautive, que les asombre
como a mí tu belleza, de dichas nido,
y que cual yo, en el alma guarden tu nombre
que borrará la muerte, nunca el olvido.

A MARÍA
LA DEL CIELO

Antonio Plaza
Apaseo, Guanajuato, México. 1833-1882

Flor de Abraham que su corola ufana
abrió al lucir de redención la aurora;
tú del cielo y del mundo soberana,
tú de vírgenes y ángeles, Señora;

tú que fuiste del Verbo la elegida
para Madre del Verbo sin segundo,
y con tu sangre se nutrió su vida,
y con su sangre libertóse el mundo;

tú que del Hombre-Dios el sufrimiento,
y el estertor convulso presenciaste,
y en la roca del Gólgota sangriento
una historia de lágrimas dejaste;

tú que ciñes diadema resplendente,
y más allá de las bramantes nubes
habitas un palacio transparente
sostenido por grupo de querubes;

y es de luceros tu brillante alfombra;
donde resides no hay tiempo ni espacio,
y la luz de ese sol es negra sombra
de aquella luz de tu inmortal palacio.

Y llenos de ternura y de contento
en tus ojos los ángeles se miran,
y mundos mil abajo de tu asiento
sobre sus ejes de brillantes giran;

tú que la gloria omnipotente huellas,
y vírgenes y tronos en su canto
te aclaman soberana, y las estrellas
trémulas brillan en tu regio manto.

Aquí me tienes a tus pies rendido
y mi rodilla nunca tocó el suelo,
porque nunca, Señora, le he pedido
amor al mundo, ni piedad al cielo.

Que si bien dentro el alma he sollozado,
ningún gemido reveló mi pena;
porque siempre soberbio y desgraciado
pisé del mundo la maldita arena.

Y cero, nulo en la social partida
rodé al acaso en páramo infecundo,
fue mi tesoro un arpa enronquecida
y vagué sin objeto por el mundo.

Y solo por doquier, sin un amigo,
viajé, Señora, lleno de quebranto,
envuelto en mis harapos de mendigo;
sin fe en el alma, ni en los ojos llanto.

Pero su orgullo el corazón arranca,
y hoy que el pasado con horror contemplo,
la cabeza que el crimen volvió blanca
inclino en las baldosas de tu templo.

Si eres, ¡oh Virgen!, embustero *mito*,
yo quiero hacer a mi razón violencia;
porque creer en algo necesito,
y no tengo, Señora, una creencia.

¡Ay de mí! Sin creencias en la vida,
veo en la tumba la puerta de la nada,
y no encuentro la dicha en la partida,
ni la espero después de la jornada.

Dale, Señora, por piedad ayuda
a mi alma que el infierno está quemando:
el peor de los infiernos... es la duda,
y vivir no es vivir siempre dudando.

Si hay otra vida de ventura y calma,
si no es cuento promesa tan sublime,
entonces, ¡por piedad!, llévate el alma
que en mi momia de barro se comprime.

Tú que eres tan feliz, debes ser buena;
tú que te haces llamar Madre del Hombre,
si tu pecho no pena por mi pena,
no mereces a fe tan dulce nombre.

El alma de una madre es generosa,
inmenso como Dios es su cariño:
recuerda que mi madre bondadosa
a amarte me enseñó, cuando era niño.

Y de noche en mi lecho se sentaba,
y ya desnudo arrodillar me hacía,
y una oración sencilla recitaba
que durmiéndome yo la repetía.

Y sonriendo te miraba en sueños,
inmaculada Virgen de pureza,
y un grupo vía de arcángeles pequeños
en torno revolar de tu cabeza.

Mi juventud, Señora, vino luego,
y cesaron mis tiernas oraciones;
porque en mi alma candente como el fuego,
rugió la tempestad de las pasiones.

Es amarga y tristísima mi historia;
en mis floridos y mejores años,
ridículo encontré, buscando gloria,
en lugar del amor los desengaños.

Y yo que tantas veces te bendije,
despechado después y sin consuelo,
sacrílego, Señora, te maldije,
y maldije también al santo cielo.

Y con penas sin duda muy extrañas
airado el cielo castigarme quiso,
porque puso el infierno en mis entrañas,
porque puso en mi frente el paraíso.

Quise encontrar a mi dolor remedio
y me lancé del vicio a la impureza,
y en el vicio encontré cansancio y tedio,
y me muero, Señora, de tristeza.

Y viejo ya, marchita la esperanza,
llego a tus pies arrepentido ahora.
Virgen que todo del Señor alcanza,
sé tú con el Señor mi intercesora.

Dile que horrible la expiación ha sido,
que horribles son las penas que me oprimen;
dile también, Señora, que he sufrido
mucho antes de saber lo que era crimen.

Si siempre he de vivir en la desgracia,
¿por qué entonces murió por mi existencia?
Si no quiere o no puede hacerme gracia,
¿dónde está su bondad y omnipotencia?

Perdón al que blasfema en su agonía,
y haz que calme llorando sus enojos,
que es horrible sufrir de noche y día
sin que asome una lágrima a los ojos.

Quiero el llanto verter de que está henchido
mi pobre corazón hipertrofiado,
que si no lloro hasta quedar rendido
¡por Dios!, me moriré desesperado.

¡Si comprendieras lo que sufro ahora... !
¡Aire! ¡Aire...! ¡Infeliz...! ¡Que me sofoco...!
Se me revienta el corazón... ¡Señora!
¡Piedad...! ¡Piedad de un miserable loco...!

A LA PATRIA

Manuel Acuña
Saltillo, Coahuila, México. 1849-1873

Ante el recuerdo bendito
de aquella noche sagrada
en que la patria aherrojada
rompió al fin su esclavitud;
ante la dulce memoria
de aquella hora y de aquel día,
yo siento que en el alma mía
canta algo como un laúd.

Yo siento que brota en flores
el huerto de mi ternura,
que tiembla entre su espesura
la estrofa de una canción;
y al sonoro y ardiente
murmurar de cada nota,
siento algo grande que brota
dentro de mi corazón.

¡Bendita noche de gloria
que así mi espíritu agitas
bendita entre las benditas
noche de libertad!
Hora de triunfo en que el pueblo,
al sol de la independencia,
dejó libre la conciencia
rompiendo la oscuridad.

Yo te amo... y al acercarme
ante este altar de victoria
donde la patria y la historia
contemplan nuestro placer;
yo vengo a unir al tributo
que en darte el pueblo se afana,
mi canto de mexicana
mi corazón de mujer.

A UN OLMO SECO

Antonio Machado
Sevilla, España. 1875-1939

Al olmo viejo, hendido por el rayo
y en su mitad podrido,
con las lluvias de abril y el sol de mayo,
algunas hojas verdes le han salido.

¡El olmo centenario en la colina
que lame el Duero! Un musgo amarillento
le mancha la corteza blanquecina
al tronco carcomido y polvoriento.

No será, cual los álamos cantores
que guardan el camino y la ribera,
habitado de pardos ruiseñores.

Ejército de hormigas en hilera
va trepando por él, y en sus entrañas
urden sus telas grises las arañas.

Antes que te derribe, olmo del Duero,
con su hacha el leñador, y el carpintero
te convierta en melena de campana,
lanza de carro o yugo de carreta;
antes que rojo en el hogar, mañana
ardas, de alguna mísera caseta
al borde de un camino;
antes que te descuaje un torbellino
y tronche el soplo de las sierras blancas;
antes que el río hacia la mar te empuje
por valles y barrancas,
olmo, quiero anotar en mi cartera
la gracia de tu rama verdecida.
Mi corazón espera
también, hacia la luz y hacia la vida,
otro milagro de la primavera.

A UNA RAMERA

Vitium in corde est idolum in altare.
San Jerónimo.

Antonio Plaza
Apaseo, Guanajuato, México. 1833-1882

I

Mujer preciosa para el bien nacida,
mujer preciosa por mi mal hallada,
perla del solio del Señor caída
y en albañal inmundo sepultada;
cándida rosa en el edén crecida
y por manos infames deshojada,
cisne de cuello alabastrino y blando
en indecente bacanal cantando.

II

Objeto vil de mi pasión sublime,
ramera infame a quien el alma adora,
¿por qué ese Dios ha colocado, dime,
el candor en tu faz engañadora?
¿Por qué el reflejo de su gloria imprime
en tu dulce mirar? ¿Por qué atesora
hechizos mil en tu redondo seno,
si hay en tu corazón lodo y veneno?

III

Copa de bendición de llanto llena,
do el crimen su ponzoña ha derramado;
ángel que el cielo abandonó sin pena
y en brazos del demonio se ha entregado;
mujer más pura que la luz serena,
más negra que la sombra del pecado,
oye y perdona si al cantarte lloro,
porque, ángel o demonio, yo te adoro.

IV

Por la senda del mundo yo vagaba
indiferente en medio de los seres;
de la virtud y el vicio me burlaba;
me reí del amor de las mujeres,
que amar a una mujer nunca pensaba;
y hastiado de pesares y placeres,
vivió siempre con el amor en guerra
mi ya gastado corazón de tierra.

V

Pero te vi... te vi... ¡Maldita la hora
en que te vi, mujer! Dejaste herida
mi alma que te adora, como adora
el alma que de un llanto está nutrida;
horrible sufrimiento me devora,
que hiciste la desgracia de mi vida;
mas dolor tan inmenso, tan profundo,
no lo cambio, mujer, por todo un mundo.

VI

¿Eres demonio que arrojó el infierno
para abrirme una herida mal cerrada?
¿Eres un ángel que mandó el Eterno

a velar mi existencia infortunada?
¿Este amor tan ardiente, tan interno,
me enaltece, mujer, o me degrada?
No lo sé... no lo sé... yo pierdo el juicio.
¿Eres el vicio tú?... ¡Adoro el vicio!

VII

¡Ámame tú también! Seré tu esclavo,
tu pobre perro que doquier te siga;
seré feliz si con mi sangre lavo
tu huella, aunque al seguirte me persiga
ridículo y deshonra; al cabo... al cabo
nada me importa lo que el mundo diga,
nada me importa tu manchada historia
si a través de tus ojos veo la gloria.

VIII

Yo mendigo, mujer, y tú ramera,
descalzos por el mundo marcharemos;
que el mundo nos desprecie cuanto quiera;
en nuestro amor un mundo encontraremos,
y si horrible miseria nos espera,
ni de un rey por el trono la daremos,
que cubiertos de andrajos asquerosos
dos corazones latirán dichosos.

IX

Un calvario maldito hallé en la vida
en el que mis creencias expiraron,
y al abrirme los hombres una herida,
de odio profundo el alma me llenaron;
por eso el alma de rencor henchida
odia lo que ellos aman, lo que amaron,
y a ti sola, mujer, a ti yo entrego
todo ese amor que a los mortales niego.

X

Porque nací, mujer, para adorarte,
y la vida sin ti me es fastidiosa,
que mi único placer es contemplarte.
Aunque tú halles mi pasión odiosa,
yo, nunca, nunca, dejaré de amarte.
Ojalá que tuviera alguna cosa
más que la vida y el honor más cara
y por ti sin violencia la inmolara.

XI

Sólo tengo una madre, ¡me ama tanto!;
sus pechos mi niñez alimentaron,
y mi sed apagó su tierno llanto
y sus vigilias hombre me formaron;
a ese ángel para mí tan santo,
última fe de creencias que pasaron,
a ese ángel de bondad, ¡quién lo creyera!
¡olvido por tu amor... loca ramera!

XII

Sé que tu amor no me dará placeres,
sé que burlas mis grandes sacrificios;
eres tú la más vil de las mujeres,
conozco tu maldad, tus artificios;
pero te amo, mujer, te amo como eres;
amo tu perversión, amo tus vicios,
y aunque maldigo el fuego en que me inflamo
mientras más vil te encuentro, más te amo.

XIII

Quiero besar tu planta a cada instante,
morir contigo de placer beodo;
porque es tuya mi mente delirante,

y tuyo es ¡ay! mi corazón de lodo.
Yo que soy en amores inconstante,
hoy me siento por ti capaz de todo;
por ti será mi corazón do imperas,
virtuoso, criminal, lo que tú quieras.

XIV

Yo me siento con fuerza muy sobrada,
y hasta un niño me vence sin empeño.
¿Soy águila que duerme encadenada
o vil gusano que titán me sueño?
Yo no sé si soy mucho o si soy nada;
si soy átomo grande o Dios pequeño;
pero gusano o Dios, débil o fuerte,
sólo sé que soy tuyo hasta la muerte.

XV

No me importa lo que eres, lo que has sido,
porque en vez de razón para juzgarte,
yo sólo tengo de ternura henchido
gigante corazón para adorarte.
Seré tu redención, seré tu olvido,
y de ese fango vil vendré a sacarte;
que si los vicios en tu ser se imprimen,
mi pasión es más grande que tu crimen.

XVI

Es tu amor nada más lo que ambiciono;
con tu imagen soñando me desvelo,
de tu voz con el eco me emociono,
y por darte la dicha que yo anhelo,
si fuera rey, te regalara un trono,
si fuera Dios, te regalara un cielo,
y si Dios de ese Dios tan grande fuera,
me arrojara a tus plantas, vil ramera.

ADELFOS

Manuel Machado
Sevilla, España. 1874-1947

Yo soy como las gentes que a mi tierra vinieron:
soy de la raza mora, vieja amiga del Sol...
que todo lo ganaron y todo lo perdieron.
Tengo el alma de nardo del árabe español.

Mi voluntad se ha muerto una noche de luna
en que era muy hermoso no pensar ni querer...
Mi ideal es tenderme, sin ilusión ninguna...
De cuando en cuando un beso y un nombre de mujer.

En mi alma, hermana de la tarde, no hay contornos,
y la rosa simbólica de mi única pasión
es una flor que nace en tierras ignoradas
y que no tiene aroma, ni forma, ni color.

Besos, ¡pero no darlos! ¡Gloria, la que me deben;
que todo como un aura se venga para mí!
que las olas me traigan y las olas me lleven,
¡y que jamás me obliguen el camino a elegir!

¡Ambición! No la tengo. ¡Amor! No lo he sentido.
No ardí nunca en un fuego de fe ni gratitud.
Un vago afán de arte tuve... Ya lo he perdido.
Ni el vicio me seduce, ni adoro la virtud.

De mi alta aristocracia, dudar jamás se pudo.
No se ganan, se heredan, elegancia y blasón.
...Pero el lema de casa, el mote del escudo,
es una nube vaga que eclipsa un vano sol.

Nada os pido. Ni os amo, ni os odio. Con dejarme
lo que hago con vosotros, hacer podéis por mí.
... ¡Que la vida se tome la pena de matarme,
ya que yo no tomo la pena de vivir...!

Mi voluntad se ha muerto una noche de luna
en que era muy hermoso no pensar ni querer...
De cuando en cuando un beso, sin ilusión alguna.
¡El beso generoso que no he de devolver!

ANTE UN CADÁVER

Manuel Acuña
Saltillo, Coahuila, México. 1849-1873

¡Y bien!, aquí estás ya... sobre la plancha
donde el gran horizonte de la ciencia
la extensión de sus límites ensancha.

Aquí donde la rígida experiencia
viene a dictar las leyes superiores
a que está sometida la existencia.

Aquí donde derrama sus fulgores
ese astro a cuya luz desaparece
la distinción de esclavos y señores.

Aquí donde la fábula enmudece
y la voz de los hechos se levanta
y la superstición se desvanece.

Aquí donde la ciencia se adelanta
a leer la solución de ese problema
cuyo solo enunciado nos espanta.

Ella, que tiene la razón por lema
y que en tus labios escuchar ansía
la augusta voz de la verdad suprema.

Aquí está ya... tras de la lucha impía
en que romper al cabo conseguiste
la cárcel que al dolor te retenía.

La luz de tus pupilas ya no existe,
tu máquina vital descansa inerte
y a cumplir con su objeto se resiste.

¡Miseria y nada más!, dirán al verte
los que creen que el imperio de la vida
acaba donde empieza el de la muerte.

Y suponiendo tu misión cumplida
se acercarán a ti, y en su mirada
te mandarán la eterna despedida.

Pero, ¡no...!, tu misión no está acabada,
que ni es la nada el punto en que nacemos
ni el punto en que morimos es la nada.

Círculo es la existencia, y mal hacemos
cuando al querer medirla le asignamos
la cuna y el sepulcro por extremos.

La madre es sólo el molde en que tomamos
nuestra forma, la forma pasajera
con que la ingrata vida atravesamos.

Pero ni es esa forma la primera
que nuestro ser reviste, ni tampoco
será su última forma cuando muera.

Tú sin aliento ya, dentro de poco,
volverás a la tierra y a su seno
que es de la vida universal el foco.

Y allí, a la vida en apariencia ajeno,
el poder de la lluvia y del verano
fecundará de gérmenes tu cieno.

Y al ascender de la raíz al grano,
irás del vergel a ser testigo
en el laboratorio soberano;

tal vez, para volver cambiado en trigo
al triste hogar donde la triste esposa
sin encontrar un pan sueña contigo.

En tanto que las grietas de tu fosa
verán alzarse de su fondo abierto
la larva convertida en mariposa;

que en los ensayos de su vuelo incierto
irá al lecho infeliz de tus amores
a llevarle tus ósculos de muerto.

Y en medio de esos cambios interiores,
tu cráneo, lleno de una nueva vida,
en vez de pensamientos dará flores,

en cuyo cáliz brillará escondida
la lágrima tal vez con que tu amada
acompañó el adiós de tu partida.

La tumba es el final de la jornada,
porque en la tumba es donde queda muerta
la llama en nuestro espíritu encerrada.

Pero en esa mansión a cuya puerta
se extingue nuestro aliento, hay otro aliento
que de nuevo a la vida nos despierta.

Allí acaban la fuerza y el talento,
allí acaban los goces y los males,
allí acaban la fe y el sentimiento.

Allí acaban los lazos terrenales,
y mezclados el sabio y el idiota
se hunden en la región de los iguales.

Pero allí donde el ánimo se agota
y perece la máquina, allí mismo
el ser que muere es otro ser que brota.

El poderoso y fecundante abismo
del antiguo organismo se apodera
y forma y hace de él otro organismo.

Abandona a la historia justiciera
un nombre sin cuidarse, indiferente,
de que ese nombre se eternice o muera.

Él recoge la masa únicamente,
y cambiando las formas y el objeto
se encarga de que viva eternamente.

La tumba sólo guarda un esqueleto,
mas la vida en su bóveda mortuoria
prosigue alimentándose en secreto.

Que al fin de esta existencia transitoria
a la que tanto nuestro afán se adhiere,
la materia, inmortal como la gloria,
cambia de formas, pero nunca muere.

ASÍ FUE

Luis G. Urbina
México, D.F., México. 1867-1934

Lo sentí, no fue una
separación, sino un desgarramiento;
quedó atónita el alma, y sin ninguna
luz, se durmió en la sombra el pensamiento.

Así fue; como un gran golpe de viento
en la serenidad del aire. Ufano,
en la noche tremenda,
llevaba yo en la mano
una antorcha con que alumbrar la senda,
y que de pronto se apagó; la oscura
asechanza del mal y del destino
extinguió así la llama y mi locura.

Vi un árbol a la orilla del camino
y me senté a llorar mi desventura.
Así fue, caminante
que me contemplas con mirada absorta
y curioso semblante.

Yo estoy cansado, sigue tú adelante;
mi pena es muy vulgar y no te importa.
Amé, sufrí, gocé, sentí el divino
soplo de la ilusión y la locura;
tuve una antorcha, la apagó el destino,
y me senté a llorar mi desventura
a la sombra de un árbol del camino.

AUSENCIA

Efrén Rebolledo
Actopan, Hidalgo, México. 1877-1929

Mi corazón enfermo de tu ausencia
expira de dolor porque te has ido.
¿En dónde está tu rostro bendecido?
¿Qué sitios ilumina tu presencia?

Ya mis males no alivia tu clemencia,
ya no dices ternuras a mi oído,
y expira de dolor porque te has ido
mi corazón enfermo de tu ausencia.

Es inútil que finja indiferencia,
en balde busco el ala del olvido
para calmar un poco mi dolencia,
mi corazón enfermo de tu ausencia
expira de dolor porque te has ido.

BALADA CATALANA

Víctor Balaguer
Barcelona, España. 1824-1901

Rugiente pasión ardía
en el alma del doncel;
fuera de ella nada había
en el mundo para él.

—¡Lo que a tu capricho cuadre
—dijo a su amada— lo haré;
si las joyas de mi madre
me pides, te las daré!

Y ella, infame como hermosa,
dijo en horrible fruición:
—¿Sus joyas? ¡Son poca cosa!
¡Yo quiero su corazón!

En fuego impuro él ardiendo
hacia su madre corrió
y al punto su pecho abriendo
el corazón le arrancó.

Tan presuroso volvía
la horrible ofrenda a llevar,
que, tropezando en la vía,
fue por el suelo a rodar.

Y brotó un acento blando
del corazón maternal
al ingrato preguntando:
—Hijo, ¿no te has hecho mal?

Balada de la Muerte

Manuel Puga y Acal
Guadalajara, Jalisco, México. 1860-1930

Cuando ya muerta mi ilusión postrera,
en mi pecho le abrí su tumba helada,
una noche llegó a mi cabecera
la misteriosa y pálida enlutada.
Mi corazón se estremeció al sentirla,
pero, aunque ella inclinándose muy quedo,
"Soy la muerte" —me dijo. Yo al oírla,
ni tristeza sentí ni sentí miedo.
"Yo soy tu último amor. Juro adorarte
—dijo al besarme con su beso frío;
tuya, tuya he de ser; no he de dejarte:
quiero que seas para siempre mío."
Yo la quise estrechar contra mi pecho
para gozar de sus caricias todas;
pero ella dijo, huyendo de mi lecho:
"Esperemos que pasen nuestras bodas."
Y las noches así fueron pasando
y la fiebre agravando mi quimera,

yo siempre preguntándole: "¿Hasta cuándo?"
ella diciendo siempre: "Espera... Espera..."
Pero por fin cedió la calentura
y una noche (mi alma acongojada
no ha sentido jamás tanta amargura)
ya no volvió la pálida enlutada.
Y al mirar que la muerte no ha tornado
al lecho en que la espero hora tras hora,
pienso que, cual otra, me ha dejado,
porque es también mujer... y engañadora.

BODA NEGRA

Carlos Borges
Venezuela. 1875-1932

Oid la historia que contóme un día
el viejo enterrador de la comarca:
—Era un amante a quien por suerte impía
su dulce bien le arrebató la Parca.

Todas las noches iba al cementerio
a visitar la tumba de su hermosa;
la gente murmuraba con misterio:
"Es un muerto escapado de la fosa."

En una horrenda noche hizo pedazos
el mármol de la tumba abandonada,
cavó la tierra y se llevó en sus brazos
el rígido esqueleto de su amada.

Y allá en su triste habitación sombría,
de un cirio fúnebre a la llama incierta,
sentó a su lado la osamenta fría
y celebró sus bodas con la muerta.

La horrible boca le cubrió de besos,
el yerto cráneo coronó de flores,
ató con cintas sus desnudos huesos
y le contó sonriendo sus amores.

Llevó la novia al tálamo mullido,
se acostó junto a ella enamorado,
y para siempre se quedó dormido
al esqueleto rígido abrazado.

BOHEMIA

Ismael Enrique Arciniegas
Curiti (Santander), Colombia. 1865-1938

Llegaron mis amigos del colegio
y absortos vieron mi cadáver frío.
"Pobre", exclamaron y salieron todos:
ninguno de ellos un adiós me dijo.

Todos me abandonaron. En silencio
fui conducido al último recinto;
ninguno dio un suspiro al que partía,
ninguno al cementerio fue conmigo.

Cerró el sepulturero mi sepulcro;
me quejé, tuve miedo y sentí frío,
y gritar quise en mi cruel angustia,
pero en los labios expiró mi grito.

El aire me faltaba y luché en vano
por destrozar mi féretro sombrío,
y en tanto... los gusanos devoraban,
cual suntuoso festín, mis miembros rígidos.

"Oh, mi amor, dije al fin, ¿y me abandonas?"
Pero al llegar su voz a mis oídos
sentí latir el corazón de nuevo,
y volví al triste mundo de los vivos.

Me alcé y abrí los ojos. ¡Cómo hervían
las copas de licor sobre los libros!
El cuarto daba vueltas, y dichosos
bebían y cantaban mis amigos.

EL BRINDIS DEL BOHEMIO

En el destierro, 1915

Guillermo Aguirre y Fierro
San Luis Potosí, S.L.P. México. 1887-1949

En torno de una mesa de cantina,
una noche de invierno,
regocijadamente departían
seis alegres bohemios.

Los ecos de sus risas escapaban
y de aquel barrio quieto
iban a interrumpir el imponente
y profundo silencio.

El humo de olorosos cigarrillos
en espirales se elevaba al cielo,
simbolizando, al resolverse en nada,
la vida de los sueños.

Pero en todos los labios había risas,
inspiración en todos los cerebros,
y, repartidas en la mesa, copas
pletóricas de ron, whisky o ajenjo.

Era curioso ver aquel conjunto,
aquel grupo bohemio
del que brotaba la palabra chusca,
la que vierte veneno,
lo mismo que, melosa y delicada,
la música de un verso.

A cada nueva libación, las penas
hallábanse más lejos
del grupo, y nueva inspiración llegaba
a todos los cerebros,
con el idilio roto que venía
en alas del recuerdo.

Olvidaba decir que aquella noche,
aquel grupo bohemio
celebraba, entre risas, libaciones,
chascarrillos y versos,
la agonía de un año que amarguras
dejó en todos los pechos,
y la llegada, consecuencia lógica,
del "feliz año nuevo"...

Una voz varonil dijo de pronto:
—Las doce, compañeros;
digamos el "requiéscat" por el año
que ha pasado a formar entre los muertos.
¡Brindemos por el año que comienza!
porque nos traiga ensueños;
porque no sea su equipaje un cúmulo
de amargos desconsuelos...

—Brindo, dijo otra voz, por la esperanza
que a la vida nos lanza,
de vencer los rigores del destino.
Por la esperanza, nuestra dulce amiga,
que las penas mitiga
y convierte en vergel nuestro camino.

Brindo porque ya hubiese a mi existencia
puesto fin con violencia
esgrimiendo en mi frente mi venganza;
si en mi cielo de tul, limpio y divino,
no alumbrara mi sino
una pálida estrella: Mi Esperanza.

—¡Bravo!, dijeron todos, inspirado
esta noche has estado
y hablaste bueno, breve y sustancioso.
El turno es de Raúl; alce su copa
y brinde por... Europa,
ya que su extranjerismo es delicioso...

—Bebo y brindo, clamó el interpelado;
brindo por mi pasado
que fue de luz, de amor y de alegría,
y en el que hubo mujeres seductoras
y frentes soñadoras
que se juntaron con la frente mía...

Brindo por el ayer que en la amargura
que hoy cubre de negrura
mi corazón, esparce sus consuelos
trayendo hasta mi mente las dulzuras
de goces, de ternuras,
de dichas, de deliquios, de desvelos.

—Yo brindo, dijo Juan, porque en mi mente
brote un torrente
de inspiración divina y seductora,
porque vibre en las cuerdas de mi lira
el verso que suspira,
que sonríe, que canta y que enamora

Brindo porque mis versos cual saetas
lleguen hasta las grietas,

formadas de metal y de granito,
del corazón de la mujer ingrata
que a desdenes me mata...
¡pero que tiene un cuerpo muy bonito!

Porque a su corazón llegue mi canto;
porque enjuguen mi llanto
sus manos que me causan embelesos;
porque con creces mi pasión me pague...
¡vamos!, porque me embriague
con el divino néctar de sus besos.

Siguió la tempestad de frases vanas,
de aquellas tan humanas
que hallan en todas partes acomodo,
y en cada frase de entusiasmo ardiente,
hubo ovación creciente
y libaciones, y reír, y todo.

Se brindó por la patria, por las flores,
por los castos amores
que hacen un valladar de una ventana,
y por esas pasiones voluptuosas
que el fango del placer llena de rosas
y hacen de la mujer, la cortesana.

Sólo faltaba un brindis, el de Arturo,
el del bohemio puro, de noble corazón
y gran cabeza; aquel que sin ambages
declaraba que sólo ambicionaba
robarle inspiración a la tristeza.

Por todos estrechado, alzó la copa
frente a la alegre tropa
desbordante de risa y de contento;
los inundó en la luz de una mirada,
sacudió su melena alborotada
y dijo así, con inspirado acento:

—Brindo por la mujer, mas no por ésa
en la que halláis consuelo en la tristeza,
rescoldo del placer, ¡desventurados!;
no por esa que os brinda sus hechizos
cuando besáis sus rizos
artificiosamente perfumados.

Yo no brindo por ella, compañeros,
siento por esta vez no complaceros.
Brindo por la mujer, pero por una,
por la que me brindó sus embelesos
y me envolvió en sus besos:
por la mujer que me arrulló en la cuna.

Por la mujer que me enseñó de niño
lo que vale el cariño
exquisito, profundo y verdadero;
por la mujer que me arrulló en sus brazos
y que me dio en pedazos,
uno por uno, el corazón entero.

—¡Por mi madre!, bohemios, por la anciana
que piensa en el mañana
como en algo muy dulce y muy deseado,
porque sueña tal vez que mi destino
me señala el camino
por el que pronto volveré a su lado.

Por la anciana adorada y bendecida;
por la que con su sangre me dio vida
y ternura y cariño;
por la que fue la luz del alma mía
y lloró de alegría
sintiendo mi cabeza en su corpiño.

Por ésa brindo yo, dejad que llore,
que en lágrimas desflore

esta pena letal que me asesina;
dejad que brinde por mi madre ausente,
por la que llora y siente
que mi ausencia es un fuego que calcina.

Por la anciana infeliz que sufre y llora
y que del cielo implora
que vuelva yo muy pronto a estar con ella;
por mi madre, bohemios, que es dulzura
vertida en mi amargura
y en esta noche de mi vida, estrella...

El bohemio calló; ningún acento
profanó el sentimiento
nacido del dolor y la ternura,
y pareció que sobre aquel ambiente
flotaba inmensamente
un poema de amor y de amargura.

La caída de
las hojas

Fernando Celada
Xochimilco, D.F. México. 1872-1929

Cayó como una rosa en mar revuelto...
y desde entonces a llevar no he vuelto
a su sepulcro lágrimas ni amores.
Es que el ingrato corazón olvida,
cuando está en los deleites de la vida,
que los sepulcros necesitan flores.

Murió aquella mujer con la dulzura
de un lirio deshojándose en la albura
del manto de una virgen solitaria;
su pasión fue más honda que el misterio,
vivió como una nota de salterio,
murió como una enferma pasionaria.

Espera —me decía suplicante—,
todavía el desengaño está distante...
no me dejes recuerdos ni congojas;
aún podemos amar con mucho fuego;
no te apartes de mí, yo te lo ruego;
espera la caída de las hojas...

Espera la llegada de las brumas,
cuando caigan las hojas y las plumas
en los arroyos de aguas entumidas,
cuando no haya en el bosque enredaderas
y noviembre deshoje las postreras
rosas fragantes al amor nacidas.

Hoy no te vayas, alejarte fuera
no acabar de vivir la primavera
de nuestro amor, que se consume y arde.
Todavía no hay caléndulas marchitas
y para que me llores necesitas
esperar la llegada de la tarde.

Entonces, desplomando tu cabeza
en mi pecho, que es nido de tristeza,
me dirás lo que en sueños me decías,
pondrás tus labios en mi rostro enjuto
y anudarás con un listón de luto
mis manos cadavéricas y frías.

—¡No te vayas, por Dios!... Hay muchos nidos
y rompen los claveles encendidos
con un beso sus vírgenes corolas;
todavía tiene el alma arrobamientos
y se pueden juntar dos pensamientos
como se pueden confundir dos olas.

Deja que nuestras almas soñadoras,
con el recuerdo de perdidas horas,
cierren y entibien sus alitas pálidas
y que se rompa nuestro amor en besos,
cual se rompe en los árboles espesos,
en abril, un torrente de crisálidas.

¿No ves cómo el amor late y anida
en todas las arterias de la vida
que se me escapa ya?... Te quiero tanto
que esta pasión que mi tristeza cubre,

me llevará como una flor de octubre
a dormir para siempre al camposanto.

¡Me da pena morir siendo tan joven,
porque me causa celo que me roben
este cariño que la muerte trunca!
Y me presagia el corazón enfermo
que si en la noche del sepulcro duermo,
no he de volver a contemplarte nunca.

¡Nunca!... ¡Jamás!... En mi postrer regazo
no escucharé ya el eco de tu paso,
ni el eco de tu voz... ¡Secreto eterno!
Si dura mi pasión tras de la muerte
y ya no puedo cariñosa verte,
me voy a condenar en un infierno.

¡Ay, tanto amor para tan breve instante!
¿Por qué la vida, cuanto más amante
es más fugaz? ¿Por qué nos brinda flores,
flores que se marchitan sin tardanza,
al reflejo del sol de la esperanza
que nunca deja de verter fulgores?

¡No te alejes de mí, que estoy enferma!
Espérame un instante... cuando duerma,
cuando ya no contemples mis congojas...
¡perdona si con lágrimas te aflijo!...
Y cerrando sus párpados, me dijo:
¡Espera la caída de las hojas!

. . . .

¡Ha mucho tiempo el corazón cobarde
la olvidó para siempre! Ya no arde
aquel amor de los lejanos días...
Pero ¡ay!, a veces al soñarla, siento
que estremecen mi ser calenturiento
sus manos cadavéricas y frías...

CANCIÓN DE OTOÑO
EN PRIMAVERA

Rubén Darío
Metapa, Nicaragua. 1867-1916

Juventud, divino tesoro,
¡ya te vas para no volver!
Cuando quiero llorar, no lloro...
Y a veces lloro sin querer...

Plural ha sido la celeste
historia de mi corazón.
Era una dulce niña, en este
mundo de duelo y aflicción.

Miraba como el alba pura;
sonreía como una flor.
Era su cabellera oscura
hecha de noche y de dolor.

Yo era tímido como un niño.
Ella, naturalmente, fue,
para mi amor hecho de armiño,
Herodías y Salomé...

Juventud, divino tesoro,
¡ya te vas para no volver...!
Cuando quiero llorar no lloro,
y a veces lloro sin querer...

Y más consoladora y más
halagadora y expresiva,
la otra fue más sensitiva
cual no pensé encontrar jamás.

Pues a su continua ternura
una pasión violenta unía.
En un peplo de gasa pura
una bacante se envolvía...

En sus brazos tomó mi ensueño
y lo arrulló como a un bebé...
y le mató, triste y pequeño,
falto de luz, falto de fe...

Juventud, divino tesoro,
¡te fuiste para no volver!
Cuando quiero llorar, no lloro,
y a veces lloro sin querer...

Otra juzgó que era mi boca
el estuche de su pasión,
y que me roería, loca,
con sus dientes el corazón,

poniendo en un amor de exce:
la mirra de su voluntad,
mientras eran abrazo y beso
síntesis de la eternidad;

y de nuestra carne ligera
imaginar siempre un Edén,
sin pensar que la Primavera
y la carne acaban también...

Juventud, divino tesoro,
¡ya te vas para no volver...!
Cuando quiero llorar, no lloro,
y a veces lloro sin querer...

¡Y las demás! En tantos climas,
en tantas tierras, siempre son,
si no pretextos de mis rimas,
fantasmas de mi corazón.

En vano busqué a la princesa
que estaba triste de esperar.
La vida es dura. Amarga y pesa.
¡Ya no hay princesa que cantar!

Mas a pesar del tiempo terco,
mi sed de amor no tiene fin;
con el cabello gris me acerco
a los rosales del jardín...

Juventud, divino tesoro,
¡ya te vas para no volver...!
Cuando quiero llorar, no lloro,
y a veces lloro sin querer...

CANTARES

Manuel Machado
Sevilla, España. 1874-1947

Vino, sentimiento, guitarra y poesía
hacen los cantares de la patria mía...
Cantares...
Quien dice cantares, dice Andalucía.

A la sombra fresca de la vieja parra
un mozo moreno rasguea la guitarra...
Cantares...
Algo que acaricia y algo que desgarra.

La prima que canta y el bordón que llora...
Y el tiempo callado se va hora tras hora.
Cantares...
Son dejos fatales de la raza mora.

No importa la vida, que ya está perdida;
y después de todo, ¿qué es eso, la vida...?
Cantares...
Cantando la pena, la pena se olvida.

Madre, pena, suerte, pena, madre, muerte,
ojos negros, negros, y negra la suerte...
Cantares...
En ellos el alma del alma se vierte.

Cantares. Cantares de la patria mía...
Cantares son sólo los de Andalucía.
Cantares...
No tiene más notas la guitarra mía.

LA CASADA INFIEL

Federico García Lorca
Granada, España. 1898-1936

Y que yo me la llevé al río
creyendo que era mozuela,
pero tenía marido.
Fue la noche de Santiago
y casi por compromiso.
Se apagaron los faroles
y se encendieron los grillos.
En las últimas esquinas
toqué sus pechos dormidos
y se me abrieron de pronto
como ramos de jacintos.
El almidón de su enagua
me sonaba en el oído
como una pieza de seda
rasgada por diez cuchillos.
Sin luz de plata en sus copas
los árboles han crecido,
y un horizonte de perros
ladra muy lejos del río.

Pasadas las zarzamoras
los juncos y los espinos,
bajo su mata de pelo
hice un hoyo sobre el limo.
Yo me quité la corbata.
Ella se quitó el vestido.
Yo el cinturón con revólver.
Ella sus cuatro corpiños.
Ni nardos ni caracolas
tienen el cutis tan fino,
ni los cristales con luna
relumbran con ese brillo.
Sus muslos se me escapaban
como peces sorprendidos,
la mitad llenos de lumbre,
la mitad llenos de frío.
Aquella noche corrí
el mejor de los caminos,
montado en potra de nácar
sin bridas y sin estribos.
No quiero decir, por hombre,
las cosas que ella me dijo.
La luz del entendimiento
me hace ser muy comedido.
Sucia de besos y arena
yo me la llevé del río.
Con el aire se batían
las espadas de los lirios
    Me porte como quien soy.
Como un gitano legítimo.
Le regalé un costurero
grande, de raso pajizo,
y no quise enamorarme
porque teniendo marido,
me dijo que era mozuela
cuando la llevaba al río.

CELOS

Francisco Villaespesa
Almería, España. 1877-1936

Al saber la verdad de tu perjurio,
loco de celos, penetré en tu cuarto...

Dormías inocente como un ángel,
con los rubios cabellos destrenzados,
enlazadas las manos sobre el pecho,
y entreabiertos los labios...

Me aproximé a tu lecho, y de repente
oprimí tu garganta entre mis manos...
Despertaste... Miráronme tus ojos...
¡Y quedé deslumbrado,
igual que un ciego que de pronto viese
brillar del sol los luminosos rayos!

¡Y en vez de estrangularte, con mis besos
volví a cerrar el oro de tus párpados!

CERRARON SUS OJOS

Gustavo Adolfo Bécquer
Sevilla, España. 1836-1870

Cerraron sus ojos
que aún tenía abiertos;
taparon su cara
con un blanco lienzo,
y unos sollozando,
otros en silencio,
de la triste alcoba
todos se salieron.

La luz, que en un vaso
ardía en el suelo,
al muro arrojaba
la sombra del lecho,
y entre aquella sombra
veíase a intervalos
dibujarse rígida
la forma del cuerpo.

Despertaba el día
y a su albor primero,
con sus mil ruidos
despertaba el pueblo.
Ante aquel contraste
de vida y misterios,
de luz y tinieblas,
medité un momento:
"¡Dios mío, qué solos
se quedan los muertos!"

De la casa en hombros
lleváronla al templo,
y en una capilla
dejaron el féretro.
Allí rodearon
sus pálidos restos
de amarillas velas
y de paños negros.

Al dar de las ánimas
el toque postrero,
acabó una vieja
sus últimos rezos;
cruzó la ancha nave,
las puertas gimieron
y el santo recinto
quedóse desierto.

De un reloj se oía
compasado el péndulo,
y de algunos cirios
el chisporroteo
Tan medroso y triste,
tan oscuro y yerto
todo se encontraba...
que pensé un momento:

"¡Dios mío, qué solos
se quedan los muertos!"

De la alta campana
la lengua de hierro,
le dio volteando
su adiós lastimero.
El luto en las ropas,
amigos y deudos
cruzaron en fila,
formando el cortejo.

Del último asilo,
oscuro y estrecho,
abrió la piqueta
el nicho a un extremo.
Allí la acostaron,
tapiáronle luego,
y con un saludo
despidióse el duelo.

La piqueta al hombro,
el sepulturero
cantando entre dientes
se perdió a lo lejos.
La noche se entraba,
reinaba el silencio;
perdido en las sombras,
medité un momento:
"¡Dios mío, qué solos
se quedan los muertos!"

En las largas noches
del helado invierno,
cuando las maderas
crujir hace el viento
y azota los vidrios

75

el fuerte aguacero,
de la pobre niña
a solas me acuerdo.

Allí cae la lluvia
con un son eterno;
allí la combate
el soplo del cierzo.
Del húmedo muro
tendida en el hueco,
¡acaso de frío
se hielan sus huesos!...

....

¿Vuelve el polvo al polvo?
¿Vuela el alma al cielo?
¿Todo es vil materia,
podredumbre y cieno?
¡No sé; pero hay algo
que explicar no puedo,
que al par nos infunde
repugnancia y duelo,
al dejar tan tristes,
tan solos los muertos!

COBARDE

Marcos Rafael Blanco Belmonte
Córdoba, España. 1871-1936

Raudo el buque navega. En la toldilla
fuma impasible el capitán negrero.
Por la abierta escotilla
sube murmullo ronco y plañidero,
que el sollozo semeja
de mil bestias humanas;
es el ébano vivo que se queja
al dejar las llanuras africanas.

Y mientras gime abajo el cargamento,
y a merced de las olas y del viento
navega el barco por la mar bravía,
que nos relate el capitán un cuento,
pide a voces la audaz marinería.

¿Una historia pedís? Ahí va la mía,
el negrero exclamó: Si por mi alarde
de arrojo temerario, habéis creído
que cual valiente soy, valiente he sido,
¡grande fue vuestro error! Yo fui un cobarde.

Yo fui cobarde, sí, porque yo amaba
con la ternura de la edad primera
a una mujer que infame me engañaba,
y la amaba frenético, la amaba
como ama a sus cachorros la pantera.

No sé si su adulterio o mi cariño
le hicieron concebir un tierno niño,
mas sé que entre la madre y el hijuelo
tanta dicha gocé, tanta ventura,
que a deciros verdad, me figuraba
que casi comprendía lo que era el cielo.

Breves fueron mis cándidos amores,
breve mi dicha fue, breve mi calma,
y al saber la traición de los traidores
sentía del infierno los horrores
dentro del corazón, dentro del alma.

A mi rival deshice a machetazos,
y antes de herir a la que impía
rompió de amor los bendecidos lazos,
el arma se detuvo, que en los brazos
de la mujer culpable, sonreía
el pequeñuelo débil e inocente,
y no quise manchar su tersa frente;
y de pueril ternura haciendo alarde,
por no dejar sin madre al pequeñuelo,
¡a la infiel perdoné, como un cobarde!

LA COJITA

Juan Ramón Jiménez
Moguer, Huelva, España. 1881-1958

La niña sonríe: ¡Espera,
voy a coger la muleta!

Sol y rosas. La arboleda
movida y fresca, dardea
limpias luces verdes. Gresca
de pájaros, brisas nuevas.
La niña sonríe:
¡Espera, voy a coger la muleta!

Un cielo de ensueño y seda
hasta el corazón se entra.
Los niños, de blanco, juegan,
chillan, sudan, llegan:
...nenaa!

La niña sonríe: ¡Espera,
voy a coger la muleta!

Saltan sus ojos. Le cuelga,
girando, falsa, la pierna.
Le duele el hombro. Jadea
contra los chopos. Se sienta.
Ríe y llora y ríe: ¡Espera,
voy a coger la muleta!

¡Mas los pájaros no esperan;
los niños no esperan! Llega
la Primavera. Es la fiesta
del que corre y del que vuela...
La niña sonríe: ¡Espera,
voy a coger la muleta!

COMO HERMANA Y HERMANO

Enrique González Martínez
Guadalajara, Jalisco, México. 1871-1952

Como hermana y hermano
vamos los dos cogidos de la mano...

En la quietud de la pradera hay una
blanca y radiosa claridad de luna,
y el paisaje nocturno es tan risueño
que con ser realidad parece sueño.
De pronto, en un recodo del camino,
oímos un cantar... Parece el trino
de un ave nunca oída,
un canto de otro mundo y de otra vida...
¿Oyes?, me dices, y a mi rostro juntas
tus pupilas preñadas de preguntas.
La dulce calma de la noche es tanta
que se escuchan latir los corazones.
Yo te digo: No temas, hay canciones
que no sabremos nunca quién las canta...

Como hermana y hermano
vamos los dos cogidos de la mano...

Besado por el soplo de la brisa,
el estanque cercano se divisa...
Bañándose en las ondas hay un astro;
un cisne alarga el cuello lentamente
como blanca serpiente
que saliera de un huevo de alabastro...
Mientras miras el agua silenciosa,
como un vuelo fugaz de mariposa
sientes sobre la nuca el cosquilleo,
la pasajera honda de un deseo,
el espasmo sutil, el calosfrío
de un beso ardiente, cual si fuera mío...
Alzas a mí tu rostro amedrentado
y trémula murmuras: ¿Me has besado...?
Tu breve mano oprime
mi mano; y yo a tu oído: ¿Sabes?, esos
besos nunca sabrás quién los imprime...
Acaso, ni siquiera si son besos...

　　　Como hermana y hermano
vamos los dos cogidos de la mano...

　　　En un desfalleciente desvarío,
tu rostro apoyas en el pecho mío
y sientes resbalar sobre tu frente
una lágrima ardiente...
Me clavas tus pupilas soñadoras
y tiernamente me preguntas: ¿Lloras?
Secos están mis ojos... Hasta el fondo
puedes mirarte en ellos, pero advierte
que hay lágrimas nocturnas —te respondo—
que no sabremos nunca quién las vierte...

　　　Como hermana y hermano
vamos los dos cogidos de la mano...

La copa del rey de Thule

J. W. Goethe
Francfort del Meno, Alemania. 1749-1832

Hubo en Thule un rey amante,
Que a su amada fue constante
Hasta el día en que murió;
Ella, en el último instante,
Su copa de oro le dio.

El buen rey, desde aquel día,
Sólo en la copa bebía,
Fiel al recuerdo tenaz,
Y al beber, humedecía
Una lágrima su faz.

Llegó el momento postrero
Y al hijo su reino entero
Cedióle, como era ley:
Sólo negó al heredero
La copa el constante rey.

En la torre que el mar besa.
Por orden del rey expresa
(Tan próximo ve su fin),
La corte, en la regia mesa,
Gozó el último festín.

En postrer soplo el anciano
Moribundo soberano
Apuró sin vacilar,
Y con enérgica mano
Arrojó la copa al mar.

Con mirada de agonía,
La copa que al mar caía,
Fijo y ávido siguió,
Vio cómo el mar la sorbía,
Y los párpados cerró.

EL CRISTO DE MI CABECERA

Rubén C. Navarro

Cuando estaba solo... solo en mi cabaña,
que construí a la vera de la audaz montaña,
cuya cumbre ha siglos engendró el anhelo
de romper las nubes... y tocar el cielo;
cuando sollozaba con el desconsuelo
de que mi pastora —más que nunca huraña—,
de mi amor al grito nada respondía;
cuando muy enfermo de melancolía,
una voz interna siempre me decía
que me moriría
si su almita blanca para mí no fuera,
le rezaba al Cristo de mi cabecera,
¡porque me quisiera...!
¡porque me quisiera...!

....

Cuando nos unimos con eternos lazos
y la pobrecita me tendió sus brazos
y me dio sus besos y alentó mi fe;

cuando en la capilla de la Virgen pura
nos bendijo el cura
y el encanto vino y el dolor se fue...
cuando me decía
loca de alegría
que su vida toda para mí sería...
le rezaba al Cristo de mi cabecera
¡porque prolongara nuestra primavera...!
¡porque prolongara nuestra primavera...!

Cuando sin amparo me dejó en la vida
y en el pobre lecho la miré tendida;
cuando até sus manos que mostraban una
santa y apacible palidez de luna,
y corté su hermosa cabellera bruna
que en el fondo guardo de mi viejo arcón;
cuando con el alma rota en mil pedazos,
delicadamente la tomé en mis brazos
para colocarla dentro del cajón;
cuando muy enfermo de melancolía
una voz interna siempre me decía
que ya nada ¡nada!, me consolaría,
le rezaba al Cristo de mi cabecera
¡porque de mis duelos compasión tuviera...!
¡porque de mis duelos compasión tuviera...!

Hoy que vivo solo... solo en mi cabaña,
que construí a la vera de la audaz montaña,
cuya cumbre ha siglos engendró el anhelo
de romper las nubes y besar el cielo;
hoy que por la fuerza del dolor, vencido,
busco en el silencio mi rincón de olvido;
mustias ya las flores de mi primavera;

triste la esperanza y el encanto ido;
rota la quimera
muerta la ilusión...
¡ya no rezo al Cristo de mi cabecera...!
¡ya no rezo al Cristo... que jamás oyera
los desgarramientos de mi corazón...!

CUANDO ME VAYA
PARA SIEMPRE

Amado Nervo
Tepic, Nayarit, México. 1870-1919

Cuando me vaya para siempre entierra
con mis despojos tu pasión ferviente;
a mi recuerdo tu memoria cierra;
es ley común que a quien cubrió la tierra
el olvido lo cubra eternamente.

A nueva vida da pasión despierta
y sé dichosa; si un amor perdiste,
otro cariño tocará tu puerta...
¿Por qué impedir que la esperanza muerta
resurja ufana para bien del triste?

Ya ves... todo renace...; hasta la pálida
tarde revive en la mañana hermosa;
vuelven las hojas a la rama escuálida,
y la cripta que forma la crisálida,
es cuna de pintada mariposa.

Tornan las flores al jardín ufano
que arropó con sus nieves el invierno;
hasta el Polo disfruta del verano...
¿Por qué nomás el corazón humano
ha de sufrir el desencanto eterno?

Ama de nuevo y sé feliz. Sofoca
hasta el perfume de mi amor, si existe;
¡sólo te pido que no borres, loca,
al sellar otros labios con tu boca,
la huella de aquel beso que me diste!

La Chacha
Micaila

Antonio Guzmán Aguilera
Miguel Auza, Zacatecas, México. 1894-1958

Mi cantón, magresita del alma,
ya pa' qué lo quero,
si se jue la paloma del nido
si me falta el calor de su cuerpo,
si ya sus canarios
de tiricia se han ido muriendo,
si los capulines
ya no sueltan sus frutos del tiempo,
y las campanillas, las adormideras
se han caido, tan recio,
que cualquiera que va a visitarme
pisa sobre pétalos.

Y yo que la vide, dialtiro decaida
y con los ojos negros
zambutidos en unas ojeras
moradas, y a luego
los tales quejidos,
los tales mareos
que dizque eran vaidos
al decir del médico.

¡Álgame la Virgen!
ya nomás de acordarme padezco
mucho escalofrío
y me hogo del pecho,
y se mi hacen manos y pieses
como los badajos de los timbres létricos.
¡Qué poco a poquito se me jue muriendo!
Tosía y tosía
y lloraba la probe en silencio.
—No llores Micaila,
por toitos los santos del cielo,
decíale al verla llorando
y al decirlo lloraba yo mesmo.
—Si te pondrás güena
con los revoltijos qui ti ha dado el médico,
no sias desconfiada con las medecinas,
que a mí me sacaron del maldito infierno.

¡Ándale, mi Chacha,
quero ver en tu rostro trigueño,
como dos tizones
achispaos, tus lindos ojuelos!
¡Ah, se me olvidaba decirte que trujo
un rebozo de bola
mi compadre Chencho,
pa' cuando te alivies
y en el cuaco trotón, en el prieto,
he pensado, pa' entonces, que vayamos
los dos riales un sábado a verlo!
¿Queres? Y el domingo le entraremos
al mole muy recio,
y a la barbacoa,
y a los asaderos,
y en cuanto que Dios escurezca,
al paso golvemos
por el llano, abajo,
asegún se sigue la falda del cerro.

¡Micaila!, no llores,
y le daba un beso.
Ella se sonría
un instante, pero
me miraba con una tristeza
como si la sombra del presentimiento
le preñara los ojos de llanto,
que después derramaba en silencio.

El día de su muerte,
su rostro cenizo me dio muncho miedo.

—¿Pos qué tienes, Chacha?

—No sé lo que tengo,
pero sé que me voy y es pa' siempre.
—Correré si quieres por el siñor médico,
¿quieres, trigueñita?
—¿Ya pa' qué?, mejor tate sosiego.
Quero hablarte por último, Chacho,
antes de que me hogen los remordimientos.
Asiéntate y oye; yo quise decírtelo
dende hace mucho tiempo,
y a la mera, no, pos yo me ciscaba.

¡Como uno es mujer! Chacho, ¡qué caray!,
y el miedo dizque no anda en burro,
pero ora que li hace, mi negro,
si ya se te muere tu Chacha,
que li hace que sepas mi horrible secreto.

Hace unos seis años, siguro, ¿recuerdas
que nos envitaron a los herraderos
los siñores amos?

—¡Vaya si me acuerdo!
¿No jue aquel domingo

que salí cornao por un toro prieto,
cerca de las trancas, en el Rancho Verde
del ñor Juan?

—El mesmo,
ya vide que ti'as acordado;
pos ay tienes nomás que al saberlo,
de la casa grande
por la puerta mesma me salí corriendo
y en las trancas jallé a don Antonio,
aquel hijo mayor de don Pedro,
que era entonces alcalde del pueblo.
Preguntéle al punto
por ti, por tu herida, por tu paradero,
y me dijo que en una camilla
te jalaron pa' casa del médico,
y que si quería me llevaba en ancas.

En el punto mesmo
aceté ¡qué caray!, no era cosa
de dejarte morir como un perro.

No nos vido salir de las trancas
naiden, llegando de un bote al potrero,
y a galope tendido trepamos
la cuesta del cerro,
y al bajar la barranca del Cristo,
tan jonda y tan negra,
don Antonio empezó con sus cosas,
con sus chicoleos:
que si yo era una rosa de mayo,
que si eran mis ojos nocturnos luceros.
Yo a todo esto callaba; él se puso necio
y me dijo que tú eras muy probe:
total un ranchero;
que él, en cambio, era dueño de hacienda
con muchas talegas de pesos;

93

que te abandonara
y nos juéramos pa' México,
o pa' los Uruapas o pa' los Querétaros.
Yo me puse muy gira y le dije
qui aunque probe me daba mi prieto
pa' presumir mucho
y andar diariamente con el zagalejo
muy lentejueliao
y cada semana con rebozo nuevo.
—Pos si no por amor, por juerza,
me dijo rayando su penco,
y sin más me apretó la cintura
y mi boca manchó con un beso.

Nunca lo hubiera hecho, sentí que la sangre
cegaba mis ojos, y el furor, mi seno;
saqué del arzón el machete,
y por las espaldas, lo jundí en su cuello.
Cayó pa' delante con un grito horrendo,
y rodó rebotando hasta el jondo
del desfiladero...

Naiden supo nada,
cuando lo jallaron todito disecho
guiados por el puro jedor del barranco,
los jueces dijeron
quesque jue un suicidio
por no sé qué amores y demás enredos.
Yo me estuve callada la boca
pero ahora, pos dime ¿ya pa' qué, mi prieto?

Se quedó como extática; acaso
rezaba al morir, por el muerto.
La abracé llorando,
la besé en silencio
y poco a poquito,
se me jue muriendo...

Mi jacal ta maldito...
si lo queres, madre, pos ai te lo dejo,
si te cuadra, quémalo,
¿no lo queres?, véndelo;
yo me güelvo a las filas, mi mama,
a peliar por la patria me güelvo;
si me quebra una bala, ¡qué liace!
al cabo en el mundo,
pa' los que sufrimos la muerte en el alma,
vivir o morir es lo mesmo.
Mi cantón, magresita del alma,
sin ella, ya pa' que lo quero...

DESEOS

Salvador Díaz Mirón
Veracruz, Ver., México. 1853-1928

Yo quisiera salvar esa distancia,
Ese abismo fatal que nos divide
Y embriagarme de amor con la fragancia
Mística y pura que tu ser despide.
Yo quisiera ser uno de los lazos
Con que decoras tus radiantes sienes,
¡Yo quisiera en el cielo de tus brazos
Beber la gloria que en tus labios tienes!
Yo quisiera ser agua y que en mis olas,
Que en mis olas vinieras a bañarte
Para poder, como lo sueño a solas,
A un mismo tiempo por doquier besarte.
Yo quisiera ser lino y en tu lecho,
Allá en las sombras, con ardor cubrirte,
Temblar con los temblores de tu pecho,
Y morir del placer de comprimirte.
¡Oh! ¡Yo quisiera mucho más! ¡Quisiera
Llevarte en mí como la nube el fuego,
Mas no como la nube en su carrera

Para estallar y separarnos luego!
Yo quisiera en mí mismo confundirte.
Confundirte en mí mismo y entrañarte;
Yo quisiera en perfume convertirte,
Convertirte en perfume y aspirarte.
Aspirarte en un soplo como esencia,
Y unir a mis latidos tus latidos,
Y unir a mi existencia tu existencia,
Y unir a mis sentidos tus sentidos.
Aspirarte en un soplo del ambiente.
Y así verter sobre mi vida en calma
Toda la llama de tu pecho ardiente.
Y todo el éter de lo azul de tu alma.
Aspirarte, mujer... De ti llenarme.
Y ciego, y sordo, y mudo consagrarme
Al deleite supremo de sentirte,
Y a la dicha suprema de adorarte.

DESPEDIDA

Paul Geraldy
París, Francia. 1885

Conque entonces, adiós. ¿No olvidas nada?
Bueno, vete... Podemos despedirnos.
¿Ya no tenemos nada que decirnos?
Te dejo, puedes irte... Aunque no, espera,
espera todavía:
que pare de llover... espera un rato.

Y sobre todo, ve bien abrigada,
pues ya sabes el frío que hace afuera.
Un abrigo de invierno es lo que habría
que ponerte... ¿De modo que te he devuelto todo?
¿No tengo tuyo nada?
¿Has tomado tus cartas, tu retrato?

Y bien, mírame ahora, amiga mía;
puesto que, en fin, ya va uno a despedirse.
¡Vaya!, no hay que afligirse;
¡vamos, no hay que llorar, qué tontería!

Y qué esfuerzo tan grande
necesitan hacer nuestras cabezas,
para poder imaginar y vernos
         otra vez los amantes
¡aquéllos tan rendidos y tan tiernos
         que habíamos sido antes!

Nos habíamos las vidas entregado
para siempre, el uno al otro, enteramente,
y he aquí que ahora nos las devolvemos
y tú vas a dejarme y yo voy a dejarte,
         y pronto partiremos
cada quien con su nombre, y por su lado...
         Recomenzar... vagar...
vivir en otra parte...
Por supuesto, al principio sufriremos.
Pero luego vendrá piadoso olvido,
único amigo fiel que nos perdona;
y habrá otra vez en que tú y yo tornaremos
         a ser como hemos sido,
entre todas las otras, dos personas.

         Así es que vas a entrar a mi pasado.
Y he de verte en la calle desde lejos,
sin cruzar, para hablarte, a la otra acera,
         y nos alejaremos distraídos
         y pasarás ligera,
con trajes para mí desconocidos.
Y estaremos sin vernos largos meses.
y olvidaré el sabor de tus caricias,
y mis amigos te darán noticias
         de "aquel amigo tuyo"

         Y yo a mi vez, con ansia reprimida
         por el mal fingido orgullo,
preguntaré por la que fue mi estrella,
y al referirme a ti, que eras mi vida,

a ti que eras mi fuerza y mi dulzura,
        diré: ¿Cómo va aquélla?

    Nuestro gran corazón, ¡qué pequeño era!,
nuestros muchos propósitos, ¡qué pocos!,
y sin embargo, estábamos tan locos
al principio, en aquella primavera.
¿Te acuerdas? ¡La apoteosis! ¡El encanto!
        ¡Nos amábamos tanto!
¿Y esto era aquel amor? ¡Quién lo creyera!
        De modo que nosotros, aun nos
        cuando de amor hablamos,
        ¿somos como los otros?
        He aquí el valor que damos
a la frase de amor que nos conmueve.
¡Qué desgracia, Dios mío, que seamos
lo mismo que son todos! ¡Cómo llueve!

    Tú no puedes salir, así, lloviendo.
        ¡Vamos! quédate, mira, te lo ruego,
ya trataremos de entendernos luego.
        Haremos nuevos planes,
y aun cuando el corazón haya cambiado,
quizá revivirá el amor pasado
al encanto de viejos ademanes.
        Haremos lo posible;
se portará uno bien. Tú, serás buena.
        Y luego... es increíble,
tiene uno sus costumbres; la cadena
llega a veces a ser necesidad.
        Siéntate aquí bien mío:
recordarás junto de mí tu hastío,
y yo cerca de ti mi soledad.

¡EL DÍA QUE ME QUIERAS!

Amado Nervo
Tepic, Nayarit, México. 1870-1919

Cabecita esquiva,
Cabecita loca,
Eres roca viva...
Pero en esa roca
Plantaré un jardín
De suave fragancia.
Si la tierra es poca,
Mucha es la constancia;
¡Mi perseverancia
Logrará su fin!

Aguardo... ¡Mi nave sus velas enjunca:
Ya vendrá el deshielo de tu alma glacial;
Ya por cada rosa que tu mano trunca,
Brotará un retoño, crecerá un rosal...!
¡Derrotado siempre y abatido nunca,
Yo, con sueños rotos, labro un ideal!
Y así marcharemos hasta que en su día
Cuajen las ternuras sobre el desamor
Y mi pobre labio, que sólo sabía

Murmurar: *"mañana..."* clame por fin: *"¡mía!"*
¡La perseverancia siempre da una flor!
Y el día que tú me quieras tendrá más luz que junio
La noche que me quieras, será de plenilunio.
Con notas de Beethoven gimiendo en cada rayo
Sus inefables cosas...
Y habrá juntas más rosas
¡Que en todo el mes de mayo!

Mil fuentes cristalinas
Irán por las laderas
Saltando cantarinas
¡El día que me quieras!

El día que me quieras, los sotos escondidos
Resonarán de cantos nunca jamás oídos.
Éxtasis de tus ojos, todas las primaveras
Que hubo y habrá en el mundo serán cuando me quieras.
¡Cogidas de las manos, cual rubias hermanitas
Luciendo golas cándidas, irán las margaritas
Por montes y praderas,
Delante de tus pasos, el día que me quieras!
Y si deshojas una, te dirá su inocente
Postrer pétalo blanco: *¡Apasionadamente!*
Al reventar el alba del día que me quieras
Tendrán todos los tréboles cuatro hojas agoreras,
Y en cada estanque, nido de gérmenes ignotos,
Florecerán las místicas corolas de los lotos.

El día que me quieras, será cada celaje
Ala maravillosa, cada arrebol miraje
De las "Mil y una noches"; ¡cada brisa, un cantar;
Cada árbol, una lira; cada monte, un altar!
¡El día que me quieras, para nosotros dos,
Cabrá en un solo beso la beatitud de Dios!

DOGAL DE AMOR

Emilio Carrere
Madrid, España. 1880-1947

Leonardo el Moro su imperio tenía
sobre una galera de piratería.
Temían los reyes su vela moruna,
que el solo monarca del mar era él,
cuando al azulado claror de la luna
flotaba en la proa su blanco alquicel.
Era el renegado corsario y poeta,
porque en los remansos de su vida inquieta
tejía sonetos y trovas galanas
a las más gentiles damas italianas.
Bello y bravo, tuvo la amable aureola
de los amoríos y la valentía;
retó al Papa Borgia, mientras se reía
de los anatemas de Savonarola.
En el Mar Latino su reino tenía
sobre una galera de piratería.

A vuelo tocaban en los campanarios
—corrió por las rúas la nueva fatal—

¡De Leonardo el Moro, los negros corsarios
asaltan el blanco palacio ducal!
Tapices de Esmirna, sedas de Turquía,
de las dogaresas el regio tesoro,
oro refulgente, rica argentería,
pasó a la galera pirata del Moro.
Pero Leonardo desprecia el botín
y junto a la muerte y el incendio, besa
la boca fragante de rubia duquesa
en el áureo lecho de su camarín.
Cuando el oro pálido del Oriente asoma,
ya va la morisca galera lejana
y una mano blanca como una paloma,
un adiós le envía desde una ventana.

Se oyen de la música los ritmos triunfales,
el Borgia cruel sonríe en su asiento,
flamean las púrpuras de los cardenales
bellos y sensuales del Renacimiento.
De dolor transidas y desmelenadas
cien mujeres cercan su silla de oro.
—¡Piedad para el Moro! —dicen las cuitadas
de amor encendidas— ¡Perdón para el Moro!
Cautivo el pirata de adversa fortuna,
todas sus amantes imploran por él.
¡Ya no verán nunca brillar a la luna
su rojo turbante, su blanco alquicel!
Pero César Borgia no perdona. En vano
le besan llorando las vestes papales.
El Papa incestuoso, cruel y cortesano,
pasa entre el cortejo de sus cardenales.

Mientras en la plaza se eleva el tablado,
el negro patíbulo que al cautivo espera,
todas sus amantes, por él, se han cortado
el tesoro egregio de su cabellera.

Blancas venecianas, rubias florentinas,
dulces genovesas y ardientes romanas
—la flor de las nobles princesas latinas—
envuelven en tocas sus frentes galanas.
Y toda la noche las miró la luna
trenzando una cuerda áurea, roja, bruna,
ofrenda abnegada de llanto y de amor
para su belleza, para su valor...
Y al ver el pirata la luz mañanera,
se ahorcó con la cuerda de trenzas galanas,
el dogal tejido con la cabellera
de las más gentiles damas italianas.

DOLOR

Alfonsina Storni
Argentina (nacida en Suiza). 1892-1938

Quisiera esta tarde divina de octubre
Pasear por la orilla lejana del mar;

Que la arena de oro, y las aguas verdes,
Y los cielos puros me vieran pasar.

Ser alta, soberbia, perfecta, quisiera,
Como una romana, para concordar

Con las grandes olas, y las rocas muertas
Y las anchas playas que ciñen el mar.

Con el paso lento, y los ojos fríos,
Y la boca muda, dejarme llevar;

Ver cómo se rompen las olas azules
Contra los granitos y no parpadear;

Ver cómo las aves rapaces se comen
Los peces pequeños y no despertar;

Pensar que pudieran las frágiles barcas
Hundirse en las aguas y no suspirar;

Ver que se adelanta, la garganta al aire,
El hombre más bello; no desear amar...

Perder la mirada, distraídamente,
Perderla y que nunca la vuelva a encontrar;

Y, figura erguida, entre cielo y playa,
Sentirme el olvido perenne del mar.

LAS DOS LINTERNAS

Ramón de Campoamor
Navia, Asturias, España. 1817-1901

I

De Diógenes compré un día
la linterna a un mercader;
distan la suya y la mía
cuanto hay de ser a no ser.
   Blanca la mía parece;
la suya parece negra;
la de él todo lo entristece;
la mía todo lo alegra.
   Y es que en el mundo traidor
nada hay verdad ni mentira:
todo es según el color
del cristal con que se mira.

II

   —Con mi linterna —él decía—
no hallo un hombre entre los seres.
¡Y yo que hallo con la mía
hombres hasta en las mujeres!
   Él llamó, siempre implacable,
fe y virtud teniendo en poco,

a Alejandro, un miserable,
y al gran Sócrates, un loco.
　　Y yo ¡crédulo! entretanto,
cuando mi linterna empleo,
miro aquí, y encuentro un *santo*,
miro allá, y un *mártir* veo.
　　¡Sí!, mientras la multitud
sacrifica con paciencia
la dicha por la virtud
y por la fe la existencia,
para él virtud fue simpleza,
el más puro amor escoria,
vana ilusión la grandeza,
y una necedad la gloria.
　　¡Diógenes! Mientras tu celo
sólo encuentra sin fortuna,
en Esparta algún *chicuelo*
y hombres en parte ninguna,
　　yo te juro por mi nombre
que, con sufrir el nacer,
es un héroe cualquier hombre,
y un ángel toda mujer.

III

　　Como al revés contemplamos
yo y él las obras de Dios,
Diógenes o yo engañamos.
¿Cuál mentirá de los dos?
¿Quién es en pintar más fiel
las obras que Dios creó?
El cinismo dirá que él;
la virtud dirá que yo.
　　Y es que en el mundo traidor
nada hay verdad ni mentira:
todo es según el color
del cristal con que se mira.

DORMID TRANQUILOS

Baldomero Fernández Moreno
Buenos Aires, Argentina. 1886-1950

Dormid tranquilos, hermanitos míos,
dormid tranquilos, padres algo viejos,
porque el hijo mayor vela en su cuarto
sobre la casa y el reposo vuestro.

Estoy despierto y escuchando todos
los ruidos de la noche y del silencio:
el suave respirar de los dormidos,
alguno que se da vuelta en el lecho,
una media palabra de aquel otro
que sueña en alta voz; el pequeñuelo
que se despierta siempre a medianoche,
y la tos del hermano que está enfermo.

Hay que educar a los hermanos chicos,
y aseguraros días bien serenos
para la ancianidad. ¡Oh, padre y madre,
dormid tranquilos, que yo estoy despierto!

DUERME

Jorge Isaacs
Cali, Colombia. 1837-1895

—No duermas —suplicante me decía—,
escúchame..., despierta.
Cuando haciendo cojín de su regazo,
soñándome besarla, me dormía.

Más tarde, ¡horror! En convulsivo abrazo
la oprimí al corazón... ¡rígida y yerta!
En vano la besé —no sonreía;
en vano la llamaba— no me oía;
¡la llamo en su sepulcro y no despierta!

¡Duérmete apegado a mí!

Gabriela Mistral
Vicuña, Coquimbo, Chile. 1889-1957

Velloncito de mi carne
que en mi entraña yo tejí,
velloncito tembloroso:
¡duérmete apegado a mí!

La perdiz duerme en el trigo
escuchándolo latir.
No te turben mis alientos:
¡duérmete apegado a mí!

Yerbecita temblorosa
asombrada de vivir,
no resbales de mi brazo:
¡duérmete apegado a mí!

Yo que todo lo he perdido,
ahora tiemblo hasta al dormir.
No resbales de mi pecho:
¡duérmete apegado a mí!

En el baño

Manuel M. Flores
San Andrés Chalchicomula, Puebla, México. 1840-1885

Alegre y sola en el recodo blando
que forma entre los árboles el río,
al fresco abrigo del ramaje umbrío
se está la niña de mi amor bañando.

Traviesa con las ondas jugueteando
el busto saca del remanso frío,
y ríe y salpica de glacial rocío
el blando seno, de rubor temblando.

Al verla tan hermosa, entre el follaje
el viento apenas susurrando gira,
salta trinando el pájaro salvaje,

el sol más poco a poco se retira;
toda calla, y Amor, entre el ramaje
a escondidas, mirándola, suspira.

En paz

Amado Nervo
Tepic, Nayarit, México. 1870-1929

Muy cerca de mi ocaso, yo te bendigo, Vida,
porque nunca me diste ni esperanza fallida
ni trabajos injustos ni pena inmerecida;

porque veo al final de mi rudo camino
que yo fui el arquitecto de mi propio destino;
que si extraje las mieles o la hiel de las cosas,
fue porque en ellas puse hiel o mieles sabrosas;
cuando planté rosales coseché siempre rosas.

Cierto, a mis lozanías va a seguir el invierno
¡mas tú no me dijiste que mayo fuese eterno!

Hallé sin duda largas las noches de mis penas;
mas no me prometiste tú sólo noches buenas,
y en cambio tuve algunas santamente serenas...

Amé, fui amado, el sol acarició mi faz.
¡Vida, nada me debes! ¡Vida, estamos en paz!

ERA UN JARDÍN SONRIENTE

Serafín y Joaquín Álvarez Quintero
Utrera, España. 1871-1939
1873-1944

Era un jardín sonriente;
era una tranquila fuente
        de cristal;
era, a su borde asomada,
una rosa inmaculada
        de un rosal:
Era un viejo jardinero
que cuidaba con esmero
        del vergel,
y era la rosa un tesoro
de más quilates que el oro
para él.
        A la orilla de la fuente
un caballero pasó,
y a la rosa dulcemente
de su tallo separó.
Y al notar el jardinero
que faltaba en el rosal,
cantaba así plañidero
receloso de su mal:

—Rosa la más delicada
que por mi amor cultivada
        nunca fue;
rosa la más encendida,
la más fragante y pulida
        que cuidé;
blanca estrella que del cielo
curiosa de ver el suelo
        resbaló;
a la que una mariposa
de mancharla temerosa
        no llegó.

        ¿Quién te quiere? ¿Quién te llama
por tu bien o por tu mal?
        ¿Quién te llevó de la rama
que no estás en tu rosal?
        ¿Tú no sabes que es grosero
el mundo? ¿Qué es traicionero
        el amor?
¿Que no se aprecia en la vida
la pura miel escondida
        en la flor?
¿Bajo qué cielo caíste?
¿A quién tu tesoro diste
        virginal?
¿En qué manos te deshojas?
¿Qué aliento quema tus hojas,
        infernal?
¿Quién te cuida con esmero
como el viejo jardinero
        te cuidó?

¡Quién por ti sola suspira?
¿Quién te quiere? ¿Quién te mira
        como yo?
¿Quién te miente, que te ama

con fe y con ternura igual?
¿Quién te llevó de la rama
que no estás en tu rosal?
¿Por qué te fuiste tan pura
de otra vida a la ventura
      o al dolor?
¿Qué faltaba a tu recreo?
¿Qué a tu inocente deseo
      soñador?
En la fuente limpia y clara
      ¿no te di espejo que te copiara?
Los pájaros escondidos,
¿no cantaban en sus nidos
      para ti?

Cuando era el aire de fuego,
¿no refresqué con mi riego
      tu calor?
¿No te dio mi trato amigo
en las heladas abrigo
      protector?

Quien para sí te reclama,
¿te hará bien o te hará mal?
¿Quién te llevó de la rama,
que no estás en tu rosal?

      Así un día y otro día,
entre espinas y entre flores,
el jardinero plañía
imaginando dolores,
desde aquél en que a la fuente
un caballero llegó,
y la rosa dulcemente
de su tallo separó.

ES LA MUJER

Félix Lope de Vega
Madrid, España. 1562-1635

Es la mujer del hombre lo más bueno,
y locura decir que lo más malo;
su vida suele ser y su regalo,
su muerte suele ser y su veneno.

Cielo a los ojos cándido y sereno,
por muchas veces al infierno igualo,
por el mundo su valor señalo,
por falso al hombre su rigor condeno.

Ella nos da su sangre, ella nos cría,
no ha hecho el cielo cosa más ingrata;
es un ángel y a veces una arpía.

Quiere, aborrece, trata bien, maltrata,
y es la mujer, al fin, como sangría,
que a veces da salud y a veces mata.

LA FELICIDAD

Manuel Acuña
Saltillo, Coahuila, México. 1849-1873

Un cielo azul de estrellas
brillando en la inmensidad;
un pájaro enamorado
cantando en el florestal;
por ambiente los aromas
del jardín y el azahar;
junto a nosotros el agua
brotando del manantial;
nuestros corazones cerca,
nuestros labios mucho más,
tú levantándote al cielo
y yo siguiéndote allá,
ése es el amor mi vida,
¡Ésa es la felicidad...!

Cruza con las mismas alas
los mundos de lo ideal;
apurar todos los goces
y todo el bien apurar;

de los sueños y la dicha
volver a la realidad,
despertando entre las flores
de un césped primaveral;
los dos mirándonos mucho,
los dos besándonos más,
ése es el amor, mi vida,
¡Ésa es la felicidad...

FLOR DE UN DÍA

Antonio Plaza
Apaseo, Guanajuato. México. 1833-1882

Yo di un eterno adiós a los placeres
cuando la pena doblegó mi frente,
y me soñé, mujer, indiferente
al estúpido amor de las mujeres.

En mi orgullo insensato yo creía
que estaba el mundo para mí desierto
y que en lugar de corazón tenía
una insensible lápida de muerto.

Mas despertaste tú mis ilusiones
con embusteras frases de cariño,
y dejaron su tumba las pasiones
y te entregué mi corazón de niño.

No extraño que quisieras provocarme,
ni extraño que lograras encenderme,
porque fuiste capaz de sospecharme,
pero no eres capaz de comprenderme.

¿Me encendiste en amor con tus encantos
porque nací con alma de coplero,
y buscaste el incienso de mis cantos...?
¿Me crees, por ventura, pebetero?

No esperes ya que tu piedad implore
volviendo con mi amor a importunarte;
aunque rendido el corazón te adore,
el orgullo me ordena abandonarte.

Yo seguiré con mi penar impío
mientras que gozas envidiable calma;
tú me dejas la duda y el vacío,
y yo en cambio, mujer, te dejo el alma.

Porque eterno será mi amor profundo,
que en ti pienso constante y desgraciado,
como piensa en la gloria el condenado,
como piensa en la vida el moribundo.

FUSILES Y MUÑECAS

Juan de Dios Peza
México, D.F., México. 1852-1910

Juan y Margot, dos ángeles hermanos
que embellecen mi hogar con sus cariños,
se entretienen con juegos tan humanos
que parecen personas desde niños.

Mientras Juan, de tres años, es soldado
y monta en una caña endeble y hueca,
besa Margot con labios de granado
los labios de cartón de su muñeca.

Lucen los dos sus inocentes galas
y alegres sueñan en tan dulces lazos;
él, que cruza sereno entre las balas;
ella, que arrulla a un niño entre sus brazos.

Puesto al hombro el fusil de hoja de lata,
el kepí de papel sobre la frente
alienta al niño en su inocencia grata
el orgullo viril de ser valiente.

Quizá piensa, en sus juegos infantiles,
que en este mundo que su afán recrea,
son como el suyo todos los fusiles
con que la torpe humanidad pelea.

Que pesan poco, que sin odios lucen,
que es igual el más débil al más fuerte,
y que, si se dispara, no producen
humo, fragor, consternación y muerte.

¡Oh, misteriosa condición humana!,
siempre lo opuesto buscas en la tierra;
ya delira Margot por ser anciana,
y Juan, que vive en paz, ama la guerra.

Mirándoles jugar me aflijo y callo;
¿cuál será sobre el mundo su fortuna?
Sueña el niño con armas y caballo,
la niña con velar junto a la cuna.

El uno corre de entusiasmo ciego,
la niña arrulla a su muñeca inerme,
y mientras grita el uno: *fuego, fuego,*
la otra murmura triste: *duerme, duerme.*

A mi lado ante juegos tan extraños,
Concha, la primogénita, me mira:
¡es toda una persona de seis años
que charla, que comenta y que suspira!

¿Por qué inclina su lánguida cabeza
mientras deshoja inquieta algunas flores?
¿Será la que ha heredado mi tristeza?
¿Será la que comprende mis dolores?

Cuando me rindo del dolor al peso,
cuando la negra duda me avasalla,
se me cuelga del cuello, me da un beso,
se le saltan las lágrimas, y calla.

Sueltas sus trenzas claras y sedosas,
y oprimiendo mi mano entre sus manos,
parece que medita en muchas cosas
al mirar cómo juegan sus hermanos.

Margot que canta en madre transformada,
y arrulla a un hijo que jamás se queja,
ni tiene que llorar desengañada,
ni el hijo crece, ni se vuelve vieja.

Y este guerrero audaz de tres abriles
que ya se finge apuesto caballero,
no logra en sus campañas infantiles
manchar con sangre y lágrimas su acero.

¡Inocencia! ¡Niñez! ¡Dichosos nombres!
Amo tus goces, busco tus cariños;
¡cómo han de ser los sueños de los hombres
más dulces que los sueños de los niños!

¡Oh mis hijos! No quiera la fortuna
turbar jamás vuestra inocente calma,
no dejéis esa espada ni esa cuna,
¡cuando son de verdad, matan el alma!

LA GALANA

José María Gabriel y Galán
Frades de la Sierra, Salamanca, España. 1870-1905

¡Pobrecita madre!
¡Se murió solita!
Cuando vino el pastor a la choza
con la cabra Galana y su cría
y el pobre cabrito
sin lamer ni atetar todavía,
vio a su esposa muerta
y a su hijita viva.

Sobre un borriquito,
sobre una angarilla
de las del aprisco
se llevaron la muerta querida,
y él se quedó solo,
solo con la niña.

La envolvió torpemente en pañales
de dura sedija,
y amoroso la puso a la teta

de la cabra Galana... a la niña.
—¡Galana, Galana!
¡Tate bien quietita...!
¡Tate asín, que pueda
            mamar la mi niña!

Y la cabra balaba celosa
por la fiebre materna encendida,
y poquito a poquito, la teta
fue chupando la débil niñita...
            ¡Pobre cabritillo!
            ¡Corta fue su vida!
            La niña salvóse,
            él murió en seguida.

            Solita en el chozo
            se queda la niña
mientras lleva el pastor las ovejas
a pacer por aquellas umbrías.
            Cerca del chocillo
            pace la cabrita,
            nerviosa, impaciente,
            con susto, con prisa,
y si el viento le hiere el oído
con rumores de llanto de niña,
corre al chozo balando amorosa,
se encarama en la pobre tarima,
se espatarra temblando de amores,
se derrienga balando caricias
y le mete a la niña en la boca
            la tetaza henchida
            que derrama en ella
            dulce leche tibia...
¡Qué lechera y qué amante la cabra!
¡Qué robusta y qué hermosa la niña!

¿Serían los lobos?
¿Algún hombre perverso sería?
Una tarde la cabra Galana,
la amante nodriza,
se arrastraba a la puerta del chozo
mortalmente herida.

Allá dentro sonaron sollozos,
sollozos de niña,
y un horrible temblor convulsivo
agitó a la expirante cabrita,
que luchó por alzarse del suelo
con esfuerzo de angustia infinita.

Y en un último intento supremo
de sublime materna energía
y en un largo balido amoroso
¡se le fue la vida!
Ni leche de ovejas,
ni dulces papillas,
ni mimos, ni besos...
¡Se murió la niña!
¡Esta vez quedó el crimen impune!
Esta vez no brilló la justicia!

GRATIA PLENA

Amado Nervo
Tepic, Nayarit, México. 1870-1919

Todo en ella encantaba, todo en ella atraía:
su mirada, su gesto, su sonrisa, su andar...
El ingenio de Francia de su boca fluía.
Era llena de gracia como el Avemaría:
¡quien la vio no la pudo ya jamás olvidar!

Ingenua como el agua, diáfana como el día,
rubia y nevada como margarita sin par,
al influjo de su alma celeste, amanecía...
Era llena de gracia como el Avemaría:
quien la vio no la pudo ya jamás olvidar.

Cierta dulce y amable dignidad la investía
de no sé qué prestigio lejano y singular.
Más que muchas princesas, princesa parecía:
era llena de gracia como el Avemaría;
quien la vio no la pudo ya jamás olvidar.

Yo gocé el privilegio de encontrarla en mi vida
dolorosa; por ella tuvo fin mi anhelar,
y cadencias arcanas halló mi poesía.
Era llena de gracia como el Avemaría:
quien la vio, no la pudo ya jamás olvidar.

¡Cuánto, cuánto la quise! Por diez años fue mía;
¡pero flores tan bellas nunca pueden durar!
Era llena de gracia como el Avemaría;
y a la Fuente de Gracia, de donde procedía,
se volvió... ¡como gota que se vuelve a la mar!

EL GRAN VIAJE

Amado Nervo
Tepic, Nayarit, México. 1870-1919

¿Quién será, en un futuro no lejano,
el Cristóbal Colón de algún planeta?
¿Quién logrará con máquina potente,
sondear el océano
del éter, y llevarnos de la mano
allí donde llegaran solamente
los osados ensueños del poeta?

¿Quién será en un futuro no lejano
el Cristóbal Colón de algún planeta?
¿Y qué sabremos tras el viaje augusto?
¿Qué nos enseñaréis, humanidades
de otros orbes que giran
en la divina noche silenciosa
y que acaso hace siglos que nos miran?

Espíritus a quienes las edades
en su fluir robusto

mostraron ya la clave portentosa
de lo Bello y de lo Justo,
¿cuál será la cosecha de verdades
que deis al hombre, tras el viaje augusto?

¿Con qué luz nueva escrutará el arcano?
¡Oh la esencial revelación completa
que fije nuevo molde al barro humano!

¿Quién será en un futuro no lejano
el Cristóbal Colón de algún planeta?

GUADALUPE LA CHINACA

Amado Nervo
Tepic, Nayarit, México. 1870-1919

Con su escolta de rancheros,
diez fornidos guerrilleros, y en su *cuaco retozón*
que la rienda mal aplaca,
Guadalupe la *Chinaca* va a buscar a Pantaleón.

Pantaleón es su marido,
el gañán más atrevido con las bestias y en la lid;
faz trigueña, ojos de moro,
y unos músculos de toro y unos ímpetus de Cid.

Cuando mozo fue vaquero,
y en el monte y el potrero la fatiga le templó
para todos los reveses,
y es terror de los franceses y cien veces lo probó.

Con su silla plateada,
su chaqueta alhamarada, su vistoso *cachirul*
y la lanza de *cañutos*,
cabalgando *pencos* brutos ¡qué gentil se ve el gandul!

Guadalupe está orgullosa
de su *prieto:* ser su esposa le parece una ilusión,
y al mirar que en la pelea
Pantaleón no se *pandea,* grita: ¡viva Pantaleón!

Ella cura a los heridos
con remedios aprendidos en el rancho en que nació,
y los venda en los combates
con los rojos *paliacates* que la pólvora impregnó.

En aquella madrugada todo halaga su mirada,
finge pórfido el nopal,
y los *órganos* parecen candelabros que se mecen
con la brisa matinal.

En los planes y en las peñas, el ganado entre las breñas
rumia, y trisca mugidor
azotándose los flancos, y en los húmedos barrancos
busca tunas el pastor.

A lo lejos, en lo alto, bajo un cielo de cobalto
van tiñéndose las brumas como un piélago de plumas
irisadas por la luz.

Y en las fértiles llanadas, entre milpas retostadas
de calor, pringan el plan
amapolas, *maravillas,* zempoalxóchitls amarillas
y azucenas de San Juan.

Guadalupe va de prisa, de retorno de la misa,
que, en las fiestas de guardar,
nunca faltan las rancheras
con sus flores y sus ceras a la iglesia del lugar;

con su gorra galoneada, su camisa pespunteada,
su gran paño para el sol,
su rebozo de *bolita,*
y una saya nuevecita y unos *bajos* de charol;

con su faz encantadora más hermosa que la aurora
que colora la extensión;
con sus labios de carmines
que parecen *colorines*, y su cutis de piñón;

se dirige al campamento donde reina el movimiento
y hay mitote y hay licor;
porque ayer fue bueno el día,
pues cayó en la serranía un convoy del invasor.

Qué mañana tan hermosa: ¡cuánto verde, cuánto rosa!
Y qué linda, en la extensión
rosa y verde, se destaca
con su escolta la *Chinaca* que va a ver a Pantaleón.

¡HABRÁ POESÍA!

Gustavo Adolfo Bécquer
Sevilla, España. 1836-1870

No digáis que agotado su tesoro,
de asuntos falta, enmudeció la lira;
podrá no haber poetas, pero siempre
habrá poesía.

Mientras las ondas de la luz al beso
palpiten encendidas;
mientras el sol las desgarradas nubes
de fuego y oro vista;
mientras el aire en su regazo lleve
perfumes y armonías;
mientras haya en el mundo primavera,
¡habrá poesía!

Mientras la ciencia a descubrir no alcance
las fuentes de la vida;
y en el mar o en el cielo haya un abismo
que el cálculo resista;

mientras la humanidad siempre avanzando
no sepa a do camina;
mientras haya un misterio para el hombre,
¡habrá poesía!
Mientras sintamos que se alegra el alma,
sin que los labios rían;
mientras se llore sin que el llanto acuda
a nublar la pupila;
mientras el corazón y la cabeza
batallando prosigan;
mientras haya esperanzas y recuerdos,
¡habrá poesía!

Mientras haya unos ojos que reflejen
los ojos que los miran;
mientras responda el labio suspirando
al labio que suspira;
mientras sentirse puedan en un beso
dos almas confundidas;
mientras exista una mujer hermosa,
¡habrá poesía!

La hermana amante

Juan Ramón Jiménez
Moguer, Huelva, España. 1881-1958

Tú me mirarás llorando
(será el tiempo de las flores),
tú me mirarás llorando.
Y yo te diré: No llores.

Mi corazón lentamente
se irá durmiendo... Tu mano
acariciará la frente
sudorosa de tu hermano.

Tú me mirarás sufriendo
(yo sólo tendré una pena),
tú me mirarás sufriendo,
tú, hermana, que eres buena.

Y tú me dirás: ¿Qué tienes?
Y yo miraré hacia el suelo.

Y tú me dirás: ¿Qué tienes?
Y yo miraré hacia el cielo.

Y yo me sonreiré
(y tú estarás asustada),
y yo me sonreiré
para decirte: No es nada.

HOJAS SECAS

A...

Antonio Plaza
Apaseo, Guanajuato, México. 1833-1882.

Tú despertaste el alma descreída,
del pobre que tranquilo y sin ventura,
en el Gólgota horrible de la vida
agotaba su cáliz de amargura.

Indiferente a mi fatal castigo
me acercaba a la puerta de la parca,
más infeliz que el último mendigo,
más orgulloso que el primer monarca.

Pero te amé; que a tu capricho plugo
ennegrecer mi detestable historia...
quien nació con entrañas de verdugo
sólo dando tormento encuentra gloria.

Antes de que te amara con delirio
viví con mis pesares resignado;
hoy mi vida es de sombra y de martirio;
hoy sufro lo que sufre un condenado.

Perdió la fe mi vida pesarosa,
sólo hay abismos a mis pies abiertos...
Quiero morir... ¡Feliz el que reposa
en el húmedo lecho de los muertos...!

Nacer, crecer, morir. He aquí el destino
de cuanto el orbe desgraciado encierra;
¿qué me importa si al fin de mi camino
voy a aumentar el polvo de la tierra?

¿Y qué la tempestad?, ¿qué la bonanza?,
¿ni qué me importa mi futuro incierto
si ha muerto el corazón, y la esperanza
dentro del corazón también ha muerto...?

¿Sabes por qué te amé...? Creí que el destino
te condenaba, como a mí, al quebranto,
y ebrio de amor inmaterial, divino,
quise mezclar mi llanto con tu llanto.

¡Ah...!, ¡coqueta...!, ¡coqueta...! Yo veía
en ti, de la virtud la excelsa palma...
¿Ignoras que la vil coquetería
es el infame lupanar del alma?

Di, ¡por piedad!, ¿qué males te he causado?
¿Por qué me haces sufrir...? Alma de roble,
buscar el corazón de un desgraciado
para jugar con él, eso es..., ¡innoble!

¿Me hiciste renacer al sentimiento
para burlarte de mi ardiente llama...?
Te amo hasta el odio y, al odiarte, siento
que más y más el corazón te ama.

Fuiste mi fe, mi redención, mi arcángel,
con la natura mística del ángel
te idolatró mi corazón rendido
con el vigor de Lucifer caído.

Que tengo un alma ardiente y desgraciada,
alma que mucho por amar padece;
no sé si es miserable o elevada,
sólo sé que a ninguna se parece.

Alma infeliz, do siempre se encontraron
el bien y el mal en batallar eterno;
alma que Dios y Satanás forjaron
con luz de gloria y lumbre del infierno.

Esta alma es la mitad de un alma errante,
que en mis sueños febriles reproduzco,
y esa mitad que busco delirante
nunca la encontraré; pero..., ¡la busco!

Soy viejo ya; mi vida se derrumba
y sueño aún con plácidos amores,
que en vez de corazón llevo una tumba,
y los sepulcros necesitan flores.

Te creí la mitad de mi ser mismo;
pero eres la expiación, y me parece
ver en tu faz un atrayente abismo
lleno de luz que ciega y desvanece.

No eres mujer; porque la mente loca
te ve como faceta de brillante...
Eres vapor que embriaga y que sofoca,
aérea visión, espíritu quemante.

Yo que lucho soberbio con la suerte,
y que luchar con el demonio puedo,
siento latir mi corazón al verte...
Ya no quiero tu amor... me causas miedo.

Tú me dejas, mujer, eterno luto;
pero mi amor ardiente necesito
arrancar de raíz; porque su fruto
es fruto de dolor, fruto maldito.

Quiero a los ojos arrancar la venda,
quiero volver a mi perdida calma,
quiero arrancar mi amor, aunque comprenda
que al arrancar mi amor, me arranco el alma.

HOMBRES NECIOS QUE ACUSÁIS

Sor Juana Inés de la Cruz
San Miguel Nepantla, México. 1651-1695

Hombres necios que acusáis
a la mujer sin razón,
sin ver que sois la ocasión
de lo mismo que culpáis.

Si con ansia sin igual
solicitáis su desdén,
¿por qué queréis que obren bien
si las incitáis al mal?

Combatís su resistencia
y luego, con gravedad,
decís que fue liviandad
lo que hizo la diligencia.

Parecer quiere el denuedo
de vuestro parecer loco
el niño que pone el coco,
y luego le tiene miedo.

Queréis, con presunción necia,
hallar a la que buscáis,
para pretendida, Thais,
y en la posesión, Lucrecia.

¿Qué humor puede ser más raro,
que el que falto de consejo,
él mismo empaña el espejo
y siente que no esté claro?

Con el favor y el desdén
tenéis condición igual,
quejándoos, si os tratan mal,
burlándoos, si os quieren bien.

Opinión ninguna gana,
pues la que más se recata,
si no os admite, es ingrata,
y si os admite, liviana.

Siempre tan necios andáis,
que con desigual nivel,
a una culpáis por cruel
y a la otra por fácil culpáis.

¿Pues cómo ha de estar templada
la que vuestro amor pretende,
si la que es ingrata ofende
y la que es fácil enfada?

Mas entre el enfado y pena
que vuestro gusto prefiere,
bienhaya la que no os quiere
y quejaos, enhorabuena.

Dan vuestras amantes penas
a sus libertades alas,
y después de hacerlas malas
las queréis hallar muy buenas.

¿Cuál mayor culpa ha tenido,
en una pasión errada,
la que cae de rogada
o el que ruega de caído?

¿O cuál es más de culpar,
aunque cualquiera mal haga:
la que peca por la paga
o el que paga por pecar?

¿Pues para qué os espantáis
de la culpa que tenéis?,
queredlas cual las hacéis
o hacedlas cual las buscáis.

Dejad de solicitar,
y después, con más razón,
acusaréis la afición
de la que os fuere a rogar.

Bien, con muchas armas fundo
que lidia vuestra arrogancia:
pues en promesa e instancia,
juntáis diablo, carne y mundo.

LA HORA

Juana de Ibarbourou
Melo, Uruguay. 1895

Tómame ahora que aún es temprano
Y que llevo dalias nuevas en la mano.

Tómame ahora que aún es sombría
Esta taciturna cabellera mía.

Ahora que tengo la carne olorosa
Y los ojos limpios y la piel de rosa.

Ahora que calza mi planta ligera
La sandalia viva de la primavera.

Ahora que en mis labios repica la risa
Como una campana sacudida aprisa.

Después..., ¡ah, yo sé
Que ya nada de eso más tarde tendré!

Que entonces inútil será tu deseo
Como ofrenda puesta sobre un mausoleo.

¡Tómame ahora que aún es temprano
Y que tengo rica de nardos la mano!

Hoy, y no más tarde. Antes que anochezca
Y se vuelva mustia la corola fresca.

Hoy, y no mañana. Oh, amante, ¿no ves
Que en la enredadera crecerá ciprés?

Humorismo triste

Luis G. Urbina
México, D.F., México. 1867-1934

¿Que si me duele? Un poco: te confieso
que me heriste a traición; mas por fortuna
tras el rapto de ira vino una
dulce resignación. Pasó el acceso.

¿Sufrir? ¿Llorar? ¿Morir? ¿Quién piensa en eso?
El amor es un huésped que importuna;
mírame cómo estoy; ya sin ninguna
tristeza que decirte. Dame un beso.

Así; muy bien; perdóname, fui un loco;
tú me curaste —gracias—, y ya puedo
saber lo que imagino y lo que toco.

En la herida que hiciste, pon el dedo;
¿Que si me duele? Sí; me duele un poco,
mas no mata el dolor... No tengas miedo...

IDILIO DE LOS

VOLCANES

José Santos Chocano
Lima, Perú. 1875-1934

El Iztaccíhuatl traza la figura yacente
de una mujer dormida bajo el Sol.
El Popocatépetl flamea en los siglos
como una apocalíptica visión;
y estos dos volcanes solemnes
tienen una historia de amor,
digna de ser contada en las complicaciones
de una extraordinaria canción.

Iztaccíhuatl —hace ya miles de años—
fue la princesa más parecida a una flor,
que en la tribu de los viejos caciques
del más gentil capitán se enamoró.
El padre augustamente abrió los labios
y díjole al capitán seductor,
que si tornaba un día con la cabeza
del cacique enemigo clavada en su lanzón,
encontraría preparados, a un tiempo mismo,
el festín de su triunfo y el lecho de su amor.

Y Popocatépetl fuese a la guerra
con esta esperanza en el corazón;
domó las rebeldías de las selvas obstinadas,
el motín de los riscos contra su paso vencedor,
la osadía despeñada de los torrentes,
la acechanza de los pantanos en traición;
y contra cientos de cientos de soldados,
por años de años gallardamente combatió.

Al fin tornó a la tribu, y la cabeza
del cacique enemigo sangraba en su lanzón.
Halló el festín del triunfo preparado,
pero no así el lecho de su amor;
en vez del lecho encontró el túmulo
en que su novia, dormida bajo el Sol,
esperaba en su frente el beso póstumo
de la boca que nunca en vida la besó.

Y Popocatépetl quebró en sus rodillas
el haz de flechas; y, en una sola voz,
conjuró las sombras de sus antepasados
contra las crueldades de su impasible Dios.
Era la vida suya, muy suya,
porque contra la muerte la ganó;
tenía el triunfo, la riqueza, el poderío,
pero no tenía el amor...

Entonces hizo que veinte mil esclavos
alzaran un gran túmulo ante el Sol:
amontonó diez cumbres
en una escalinata como alucinación;
tomó en sus brazos a la mujer amada,
y él mismo sobre el túmulo la colocó;
luego, encendió una antorcha, y, para siempre,
quedóse en pie alumbrando el sarcófago de su dolor.

Duerme en paz, Iztaccíhuatl; nunca los tiempos borrarán los perfiles de tu casta expresión.
Vela en paz, Popocatépetl: nunca los huracanes apagarán tu antorcha, eterna como el amor...

IDILIO SALVAJE

Manuel José Othón
San Luis Potosí, S.L.P., México. 1858-1906

I

¿Por qué a mi helada soledad viniste
cubierta con el último celaje
de un crepúsculo gris...? Mira el paisaje
árido y triste, inmensamente triste.

Si vienes del dolor y en él nutriste
tu corazón, bien vengas al salvaje
desierto, donde apenas un miraje
de lo que fue mi juventud existe.

Mas si acaso no vienes de tan lejos
y en tu alma aún del placer quedan los dejos,
puedes tornar a tu revuelto mundo.

Si no, ven a lavar tu ciprio manto
en el mar amarguísimo y profundo
de un triste amor, o de un inmenso llanto.

II

Mira el paisaje: inmensidad abajo,
inmensidad, inmensidad arriba;
en el hondo perfil, la sierra altiva
al pie minada por horrendo tajo.

Bloques gigantes que arrancó de cuajo
el terremoto, de la roca viva;
y en aquella sabana pensativa
y adusta, ni una senda ni un atajo.

Asoladora atmósfera candente,
do se incrustan las águilas serenas
como clavos que se hunden lentamente.

Silencio, lobreguez, pavor tremendos
que viene sólo a interrumpir apenas
el galope triunfal de los berrendos.

III

En la estepa maldita, bajo el peso
de sibilante brisa que asesina,
yergues tu talla escultural y fina,
como un relieve en el confín impreso.

El viento, entre los médanos opreso,
canta cual una música divina,
y finge, bajo la húmeda neblina,
un infinito y solitario beso.

Vibran en el crepúsculo tus ojos,
un dardo negro de pasión y enojos
que en mi carne y mi espíritu se clava;

y, destacada contra el sol muriente,
como un airón, flotando inmensamente,
tu bruna cabellera de india brava.

IV

La llanura amarguísima y salobre,
enjuta cuenca de océano muerto,
y en la gris lontananza, como puerto,
el peñascal, desamparado y pobre.

Unta la tarde en mi semblante yerto
aterradora lobreguez, y sobre
tu piel, tostada por el sol, el cobre
y el sepia de las rocas del desierto.

Y en el regazo donde sombra eterna,
del peñascal bajo la arruga,
es para nuestro amor nido y caverna,

las lianas de tu cuerpo retorcidas
en el torso viril que te subyuga,
con una gran palpitación de vidas.

V

¡Qué enferma y dolorida lontananza!
Qué inexorable y hosca la llanura!
Flota en todo el paisaje tal pavura
como si fuera un campo de matanza.

Y la sombra que avanza, avanza, avanza,
parece, con su trágica envoltura,
el alma ingente plena de amargura
de los que han de morir sin esperanza.

Y allí estamos nosotros, oprimidos
por la angustia de todas las pasiones,
bajo el peso de todos los olvidos.

En un cielo de plomo el sol ya muerto;
y en nuestros desgarrados corazones
el desierto, el desierto... y, ¡el desierto!

VI

¡Es mi adiós...! Allá vas, bruna y austera,
por las planicies que el bochorno escalda,
al verberar tu ardiente cabellera,
como una maldición, sobre tu espalda.

En mis desolaciones, ¿qué me espera...?
(ya apenas veo tu arrastrante falda)
Una deshojazón de primavera
y una eterna nostalgia de esmeralda.

El terremoto humano ha destruido
mi corazón, y todo en él expira.
¡Mal hayan el recuerdo y el olvido!

Aún te columbro, y ya olvidé tu frente;
sólo, ¡ay!, tu espalda miro, cual se mira
lo que huye y se aleja eternamente.

ENVÍO

En tus aras quemé mi último incienso
y deshojé mis postrimeras rosas.
Do se alzaban los templos de mis diosas
ya sólo queda el arenal inmenso.

Quise entrar en tu alma y, ¡qué descenso,
qué andar por entre ruinas y entre fosas!
¡A fuerza de pensar en tales cosas,
me duele el pensamiento cuando pienso!

¡Pasó...! ¿Qué resta ya de tanto y tanto
deliquio? En ti ni la moral dolencia
ni el dejo impuro, ni el sabor de llanto.

Y en mí, ¡qué hondo y tremendo cataclismo!
¡Qué sombra y qué pavor en la conciencia,
y qué horrible disgusto de mí mismo!

LLANTO EN MI CORAZÓN...

Paul Verlaine
Metz, Francia. 1844-1896

Llanto en mi corazón
y lluvia en la ciudad.
¿Qué lánguida emoción
entra en mi corazón?

¡Dulce canción de paz
la de la lluvia mansa!
Para el dolor tenaz,
¡oh, qué canción de paz!

¿Qué motiva el sufrir
del corazón hastiado?
¿Si no le vino a herir
traición, por qué sufrir?

¡Y el más grave dolor
es ignorar por qué
sin odio y sin amor
lleno está de dolor!

LOS MADEROS DE SAN JUAN

José Asunción Silva
Bogotá, Colombia. 1865-1896

...Y aserrín
aserrán...
Los maderos
de San Juan
piden queso,
piden pan;
los de Roque,
alfandoque;
los de Rique,
alfeñique;
los de Trique,
Triquitrán.
¡Triqui, triqui, triqui, tran!
¡Triqui, triqui, triqui, tran!

Y en las rodillas duras y firmes de la abuela,
con movimiento rítmico se balancea el niño,
y entrambos agitados y trémulos están...

La abuela se sonríe con maternal cariño,
mas cruza por su espíritu como un temor extraño
por lo que en el futuro, de angustia y desengaño,
los días ignorados del nieto guardarán...
   ...Los maderos
   de San Juan
   piden queso,
   piden pan;
   ¡Triqui, triqui, triqui, tran!
   ¡Triqui, triqui, triqui, tran!

¡Esas arrugas hondas recuerdan una historia
de largos sufrimientos y silenciosa angustia!
y sus cabellos, blancos como la nieve están;
...de un gran dolor el sello marcó la frente mustia,
y son sus ojos turbios espejos que empañaron
los años y que ha tiempo las formas reflejaron
de seres y de cosas que nunca volverán...
   ...Los de Roque
   alfandoque;
   ¡Triqui, triqui, triqui, tran!
   ¡Triqui, triqui, triqui, tran!

Mañana cuando duerma la abuela, yerta y muda,
lejos del mundo vivo, bajo la oscura tierra,
donde otros, en la sombra, desde hace tiempo están
del nieto a la memoria, con eco fiel, que encierra
todo el poema triste de la remota infancia,
pasando por las sombras del tiempo y la distancia,
de aquella voz querida las notas volverán...
   ...Los de Rique
   alfeñique;
   ¡Triqui, triqui, triqui, tran!
   ¡Triqui, triqui, triqui, tran!

En tanto, en las rodillas cansadas de la abuela
con movimiento rítmico se balancea el niño,

y entrambos agitados y trémulos están...
La abuela se sonríe con maternal cariño,
mas cruza por su espíritu como un temor extraño
por lo que en el futuro, de angustia y desengaño,
los días ignorados del nieto guardarán...

...Los maderos
de San Juan
piden queso,
piden pan;
los de Roque,
alfandoque;
...Los de Rique,
alfeñique;
los de Trique,
Triquitrán.
¡Triqui, triqui, triqui, tran!
¡Triqui, triqui, triqui, tran!

MADRIGAL

Gutierre de Cetina
Sevilla, España. 1520-1554-57

Ojos claros, serenos,
si de un dulce mirar sois alabados,
¿por qué si me miráis, miráis airados?
Si cuanto más piadosos,
más bellos parecéis a aquel que os mira,
no me miréis con ira
porque no parezcáis menos hermosos.
¡Ay, tormentos rabiosos!
Ojos claros, serenos,
ya que así me miráis, miradme al menos.

MADRIGAL ROMÁNTICO

Luis G. Urbina
México, D.F., México. 1867-1934

Era un cautivo beso enamorado
de una mano de nieve, que tenía
la apariencia de un cirio desmayado
y el palpitar de un ave en agonía.
Y sucedió que un día
aquella mano suave
de palidez de cirio,
de languidez de lirio,
de palpitar de ave,
se acercó tanto a la prisión del beso,
que ya no pudo más el pobre preso
y se escapó; mas, con voluble giro,
huyó la mano hacia el confín lejano,
y el beso, que volaba tras la mano,
rompiendo el aire se volvió suspiro.

MANELIC

Antonio Mediz Bolio
Mérida, Yucatán, México. 1884-1957

Como una cabra arisca bajó de su montaña,
de su montaña que era salvajemente huraña,
como su espíritu hecho a las bravas alturas,
como su cuerpo en donde dejaron huellas duras
el sol de fuego, el soplo de las tormentas locas
y mordidas de lobos y arañazos de rocas.

Bajó de los picachos, a la llanura, un día;
allá dejó el rebaño, la choza, la jauría,
los agrios vericuetos, las claras soledades
dominio de las águilas y de las tempestades.

Arriba dejó todo cuanto su vida era,
y con un dulce sueño dentro del alma fiera,
vino a la tierra baja, la tierra misteriosa
que miraba de lo alto como una vaga cosa
que no le era dado conocer hasta cuando
bajase por la amada que le estaba esperando.

¡La amada, la hembra llena de suavidad, aquella
que él miraba en las noches temblar en cada estrella,
a la que luego en sueños como una luz veía,
y que en el sol brillaba al despertar el día!

Aquella en que pensaba sin tregua año tras año,
viendo cómo en los riscos se ayuntaba el rebaño,
y cómo en el silencio del monte adormecido,
las águilas buscaban el calor de su nido.

Y así, vibrante bajo las pieles de su sayo,
su ser, quizá engendro de una cumbre y un rayo,
ingenuo y primitivo, enamorado y fuerte,
el pastor bajó un día de cara hacia la suerte.

Y allí en la tierra baja, en la tierra del amo,
Manelic halló cruda decepción al reclamo
de un amor que él creía nuevo, fértil y suyo,
suyo no más, alegre como temprano arrullo
de tórtola, como eco de canción, un cariño
como un regazo en donde durmiese un niño.

¡Y supo que allá, lejos de los hoscos rediles
que dejó en la montaña, los hombres eran viles,
más viles y traidores que las malas serpientes;
que abajo se arrastraban lo mismo que las gentes!

¡Y supo que su amo, el amo que le daba
la mujer que allá arriba como un cielo soñaba,
era más vil que todos, y que también mentía,
y que era como un lobo, que robaba y huía!

Supo algo más horrible: la mujer de su sueño
era del amo, el amo era el único dueño
de todo; de la tierra, del amor, de la vida;

él era sólo un siervo, la bestia escarnecida,
una cosa... un pedazo de carne esclavizada,
sin derechos, sin honra, sin amor y sin nada.

Y entonces, entre el asco de toda la mentira,
de toda la cruel befa del mundo, sintió ira,
ira trágica y noble de león provocado
que se ha dormido libre y despierta enjaulado.

Y oyó que de él reían como de simple y bobo,
de él que igual que un hombre estrangulaba un lobo.
Y ya no pudo más; un día se alzó contra el tirano
y le arrancó la vida. ¡Con su plebeya mano
se hizo justicia el siervo...! Todos enmudecieron
ante el soberbio triunfo, y estupefactos vieron
cómo el pastor hirsuto, la brava bestia huraña,
con su mujer en brazos se volvió a su montaña.

¡Oh, Manelic! ¡Oh plebe que vives sin conciencia
de tu vida oprobiosa, que arrastras la existencia
dócil al yugo innoble que adormece tu alma
de hierro en el marasmo de ignominiosa calma!
¡Oh, carne santa y pura del pueblo; carne abierta
por el golpe del látigo infamador; ¡despierta!

Cuando entre la impudicia de los hombres te sientas
cuando en tu pecho el odio desate sus tormentas,
cuando todo te nieguen y te insulte el orgullo,
¡levántate y exige que te den lo que es tuyo!
Levántate. ¡Tú eres la Fuerza y el Derecho!

Si sientes la injusticia desgarrándote el pecho,
si te estrujan la vida, si te infaman el lecho;
si te pagan la honra con mezquino mendrugo,
no envilezcas de miedo soportando al verdugo,
no lamas como un perro la mano que te ata;
haz pedazos los grillos, y si te asedian, ¡mata!

Que la soberbia aleve halle tu brazo alerta,
¡a veces es justicia que la sangre se vierta!
No temas nada, y hiere, porque Dios es tu amigo
y por tu brazo a veces desciende su castigo.

¡Oh, Manelic! ¡Oh plebe que vives en la altura!
Ven a la tierra baja, desciende a la llanura
y cuando aquí te arranquen en miserable robo
tu ilusión, que tus manos estrangulen al lobo!
¡Que lo fulmine el rayo que vibra en tus entrañas,
y después, con lo tuyo, regresa a tus montañas!

Marcha triunfal

Rubén Darío
Metapa, Nicaragua. 1867-1916

¡Ya viene el cortejo!
¡Ya viene el cortejo! Ya se oyen los claros clarines.
La espada se anuncia con vivo reflejo:
ya viene, oro y hierro, el cortejo de los paladines.
Ya pasa debajo los arcos ornados de blancas Minervas
                                                    [y Martes,
los arcos triunfales en donde las Famas erigen sus largas
                                                    [trompetas,
la gloria solemne de los estandartes,
llevados por manos robustas de heroicos atletas.
Se escucha el ruido que forman las armas de los caballeros,
los frenos que mascan los fuertes caballos de guerra,
los cascos que hieren la tierra
y los timbaleros,
que al paso acompasan con ritmos marciales.
¡Tal pasan los fieros guerreros
debajo los arcos triunfales!

Los claros clarines de pronto levantan sus sones,
su canto sonoro,
su cálido coro,
que envuelven en un trueno de oro
la augusta soberbia de los pabellones.
Él dice la lucha, la herida venganza,
las ásperas crines,
los rudos penachos, la pica, la lanza,
la sangre que riega de heroicos carmines
la tierra,
los negros mastines
que azuza la muerte, que rige la guerra.

    Los áureos sonidos
anuncian el advenimiento
triunfal de la gloria;
dejando el picacho que guarda sus nidos,
tendiendo sus alas enormes al viento,
los cóndores llegan. ¡Llegó la victoria!

    Ya pasa el cortejo.
Señala el abuelo los héroes al niño
—ved cómo la barba del viejo
los bucles de oro circunda de armiño—.
Las bellas mujeres aprestan coronas de flores,
y bajo los pórticos vense sus rostros de rosa
y la más hermosa
sonríe al más fiero de los vencedores.
¡Honor al que trae cautiva la extraña bandera;
honor al herido y honor a los fieles
soldados que muerte encontraron por mano extranjera!
¡Clarines! ¡Laureles!

    Las nobles espadas de tiempos gloriosos
desde sus panoplias saludan las nuevas coronas y lauros;
Las viejas espadas de los granaderos, más fuertes que osos,
hermanos de aquellos lanceros
que fueron centauros.

Las tropas guerreras resuenan;
de voces los aires se llenan...
A aquellas antiguas espadas,
a aquellos ilustres aceros,
que encarnan las glorias pasadas...
Y al sol que hoy alumbra las nuevas victorias ganadas,
y al héroe que guía su grupo de jóvenes fieros,
al que ama la insignia del suelo materno,
al que ha desafiado, ceñido el acero y el arma en la mano.
 ¡Los soles del rojo verano,
las nieves y vientos del gélido invierno,
la noche, la escarcha
y el odio y la muerte, por ser por la patria inmortal,
saludan con voces de bronce las trompas de guerra
                    [que tocan la marcha triunfal!

MIEDO

Gabriela Mistral
Vicuña, Coquimbo, Chile. 1889-1957

Yo no quiero que a mi niña
golondrina me la vuelvan.
Se hunde volando en el cielo,
y no baja hasta mi estera;
en el alero hace el nido,
y mis manos no la peinan.
Yo no quiero que a mi niña
golondrina me la vuelvan.

Yo no quiero que a mi niña
la vayan a hacer princesa.
Con zapatitos de oro,
¿cómo juega en las praderas?
Y cuando llegue la noche
a mi lado no se acuesta...
Yo no quiero que a mi niña
la vayan a hacer princesa...

Y menos quiero que un día
me la vayan a hacer reina.
La pondrían en un trono
adonde mis pies no llegan.
Cuando viniese la noche
yo no podría mecerla...
Yo no quiero que a mi niña
me la vayan a hacer reina.

MORIR, DORMIR...

Manuel Machado
Sevilla, España. 1874-1947

—Hijo, para descansar
es necesario dormir,
no pensar,
no sentir,
no soñar...

—Madre, para descansar,
morir.

LOS MOTIVOS DEL LOBO

Rubén Darío
Metapa, Nicaragua. 1867-1916

El varón que tiene corazón de lis,
alma de querube, lengua celestial,
el mínimo y dulce Francisco de Asís,
está con un rudo y torvo animal;
bestia temerosa, de sangre y de robo,
las fauces de furia, los ojos de mal:
el lobo de Gubbia, el terrible lobo.
Rabioso ha asolado los alrededores,
cruel ha deshecho todos los rebaños;
devoró corderos, devoró pastores,
y son incontables los muertos y daños.

Fuertes cazadores armados de hierros
fueron destrozados. Los duros colmillos
dieron cuenta de los más bravos perros,
como de cabritos y de corderillos.

Francisco salió.
Al lobo buscó
en su madriguera.

Cerca de la cueva encontró a la fiera
enorme, que al verle se lanzó feroz
contra él. Francisco, con su dulce voz,
alzando la mano,
al lobo furioso dijo: "¡Paz, hermano
lobo!" El animal
contempló al varón de tosco sayal;
dejó su aire arisco;
cerró las abiertas fauces agresivas,
y dijo: —¡Está bien, hermano Francisco!
—¡Cómo! —exclamó el santo—. ¿Es ley que tú vivas
de horror y de muerte?
La sangre que vierte
tu hocico diabólico, el duelo y espanto
que esparces, el llanto
de los campesinos, el grito, el dolor
de tanta criatura de Nuestro Señor,
¿no han de contener tu encono infernal?
¿Vienes del infierno?
¿Te ha infundido acaso su rencor eterno
Luzbel o Belial?
Y el gran lobo, humilde: —¡Es duro el invierno
y es horrible el hambre! En el bosque helado
no hallé qué comer; y busqué el ganado
y a veces comí ganado y pastor.
¿La sangre? Yo vi más de un cazador
sobre su caballo, llevando el azor
al puño; o correr tras el jabalí,
el oso o el ciervo; y a más de uno vi
mancharse de sangre, herir, torturar,
de las roncas tropas, al sordo clamor,
a los animales de Nuestro Señor.
Y no era por hambre que iban a cazar.

Francisco responde: —En el hombre existe
mala levadura.
Cuando nace viene con pecado. Es triste.

Mas el alma simple de la bestia es pura.
Tú vas a tener
desde hoy, qué comer.
Dejarás en paz
rebaños y gente de este país.
¡Que Dios melifique tu ser montaraz!
—Está bien, hermano Francisco de Asís.
—Ante el Señor, que todo ata y desata,
en fe de promesa tiéndeme la pata.
El lobo tendió la pata al hermano
de Asís, que a su vez le alargó la mano.
Fueron a la aldea. La gente veía
y lo que miraba casi no creía.
Tras el religioso iba el lobo fiero,
y baja la testa, quieto le seguía
como un can de casa, o como un cordero.

Francisco llamó la gente a la plaza
y allí predicó.
Y dijo: —He aquí una amable caza.
El hermano lobo se viene conmigo;
me juró no ser ya nuestro enemigo
y no repetir su ataque sangriento.

Vosotros, en cambio, daréis su alimento
a la pobre bestia de Dios. —¡Así sea!,
contestó la gente toda de la aldea.
Y luego, en señal
de contentamiento,
movió testa y cola el buen animal
y entró con Francisco de Asís al convento.

Algún tiempo estuvo el lobo tranquilo
en el santo asilo. Sus vastas orejas los salmos oían
y los claros ojos se le humedecían.
Aprendió mil gracias y hacía mil juegos
cuando a la cocina iba con los legos.

Y cuando Francisco su oración hacía,
el lobo las pobres sandalias lamía.
Salía a la calle,
iba por el monte, descendía al valle,
entraba a las casas y le daban algo
de comer. Mirábanle como a un manso galgo...
Un día, Francisco se ausentó. Y el lobo
dulce, el lobo manso y bueno, el lobo probo,
desapareció, tornó a la montaña
y recomenzaron sus aullidos y su saña.
Otra vez sintióse el temor, la alarma
entre los vecinos y entre los pastores;
colmaba el espanto los alrededores,
de nada servían el valor y el arma,
pues la bestia fiera
no dio tregua a su furor jamás,
como si tuviera
fuego de Moloch y de Satanás.

Cuando volvió al pueblo el divino santo,
todos lo buscaron con quejas y llanto,
y con mil querellas dieron testimonio
de lo que sufrían y perdían tanto
por aquel infame lobo del demonio.

Francisco de Asís se puso severo.
Se fue a la montaña
a buscar al falso lobo carnicero.
Y junto a su cueva halló a la alimaña.
  —En nombre del Padre del sacro Universo,
conjúrote —dijo— ¡oh, lobo perverso!
a que me respondas: ¿Por qué has vuelto al mal?
contesta. Te escucho.
Como en sorda lucha habló el animal,
la boca espumosa y el ojo fatal:
  —Hermano Francisco, no te acerques mucho...
yo estaba tranquilo allá en el convento;

al pueblo salía
y si algo me daban estaba contento
y manso comía.
Mas empecé a ver que en todas las casas
estaban la envidia, la saña, la ira,
y en todos los rostros ardían las brasas
de odio, de lujuria, de infamia y mentira.
Hermanos a hermanos hacían la guerra,
perdían los débiles, ganaban los malos,
hembra y macho eran como perro y perra,
y un buen día todos me dieron de palos.
Me vieron humilde, lamía las manos
y los pies. Seguía tus sagradas leyes,
todas las criaturas eran mis hermanos,
los hermanos hombres, los hermanos bueyes,
hermanas estrellas y hermanos gusanos.
Y así, me apalearon y me echaron fuera,
y su risa fue como agua hirviente,
y entre mis entrañas revivió la fiera,
y me sentí malo de repente:
mas siempre mejor que esa mala gente.
Y recomencé a luchar aquí,
a me defender y a me alimentar,
como el oso hace, como el jabalí,
que para vivir tienen que matar.
Déjame en el monte, déjame en el risco,
déjame existir en mi libertad,
vete a tu convento, hermano Francisco,
sigue tu camino y tu santidad.

El santo de Asís no le dijo nada.
Lo miró con una profunda mirada,
y partió con lágrimas y con desconsuelos,
y habló al Dios eterno con su corazón.
El viento del bosque llevó su oración,
que era: ¡Padre nuestro, que estás en los cielos...!

MUERO PORQUE NO MUERO

Santa Teresa de Jesús
Ávila, España. 1515-1582

Vivo sin vivir en mí,
y tan alta vida espero,
que muero porque no muero.

Aquesta divina unción,
del amor con quien yo vivo,
hace a Dios ser mi cautivo,
y libre mi corazón;
mas causa en mí tal pasión
ver a mi Dios prisionero,
que muero porque no muero.

¡Ay, qué larga es esta vida!
¡Qué duros estos destierros,
esta cárcel y estos hierros
en que el alma está metida!
sólo esperar la salida
me causa un dolor tan fiero,
que muero porque no muero.

Sólo con la confianza
vivo de que he de morir,
porque muriendo, el vivir
me asegura mi esperanza;
muerte, do el vivir se alcanza,
no te tardes, que te espero,
que muero porque no muero.

¡Ay, qué vida tan amarga
do no se goza el Señor!
Y si dulce es el amor,
no lo es la esperanza larga;
quíteme Dios esta carga,
más pesada que de acero;
que muero porque no muero.

Mira que el amor es fuerte:
vida no seas molesta,
mira que sólo te resta
para ganarte, perderte;
venga ya la dulce muerte,
venga el morir muy ligero;
que muero porque no muero.

Aquella vida de arriba
es la vida verdadera,
hasta que esta vida muera,
no se goza estando viva;
Muerte, no me seas esquiva;
vivo muriendo primero,
que muero porque no muero.

Vida, ¿qué puedo yo darle
a mi Dios que vive en mí,
sino es que perderte a ti
para mejor a Él gozarle?
Quiero muriendo alcanzarle,

pues a Él solo es el que quiero,
que muero porque no muero.

Estando ausente de ti
¿qué vida puedo tener,
sino muerte padecer
la mayor que nunca vi?
Lástima tengo de mí,
por ser mi mal tan entero,
que muero porque no muero.

El pez que del agua sale
aun de alivio no carece,
a quien la muerte padece
al fin la muerte le vale:
¿qué muerte habrá que se iguale
a mi vivir lastimero?,
que muero porque no muero.

Cuando me empiezo a aliviar
viéndote en el Sacramento,
me hace más sentimiento
el no poderte gozar;
todo es para más penar
por no verte como quiero;
que muero porque no muero.

Cuando me gozo, Señor,
con esperanza de verte,
viendo que puedo perderte
se me dobla mi dolor:
viviendo en tanto pavor,
y esperando como espero;
que muero porque no muero.

Sácame de aquesta muerte,
mi Dios, y dame la vida;

no me tengas impedida
en este lazo tan fuerte;
mira que muero por verte,
y vivir sin ti, no puedo;
que muero porque no muero.

Lloraré mi muerte ya,
y lamentaré mi vida,
en tanto que detenida
por mis pecados está;
¡oh, mi Dios, cuándo será
cuando te diga de vero
que muero porque no muero!

LA MUJER CAÍDA

Víctor Hugo
Besanzón, Francia. 1802-1885

¡Nunca insultéis a la mujer caída!
Nadie sabe qué peso la agobió,
ni cuántas luchas soportó en la vida,
¡hasta que al fin cayó!
¿Quién no ha visto mujeres sin aliento
asirse con afán a la virtud,
y resistir del vicio el duro viento
con serena actitud?
Gota de agua pendiente de una rama
que el viento agita y hace estremecer;
¡perla que el cáliz de la flor derrama,
y que es lodo al caer!
Pero aún puede la gota peregrina
su perdida pureza recobrar,
y resurgir del polvo, cristalina,
y ante la luz brillar.
Dejad amar a la mujer caída,
dejad al polvo su vital calor,
porque todo recobra nueva vida
con la luz y el amor.

EL NIDO AUSENTE

Leopoldo Lugones
Río Seco, Córdoba, Argentina. 1874-1938

Sólo ha quedado en la rama
un poco de paja mustia,
y en la arboleda la angustia
de un pájaro fiel que llama.

Cielo arriba y senda abajo,
no halla tregua a su dolor,
y se para en cada gajo
preguntando por su amor.

Ya remonta con su queja,
ya pía por el camino
donde deja en el espino
su blanda lana la oveja.

Pobre pájaro afligido
que sólo sabe cantar,
y cantando llora el nido
que ya nunca ha de encontrar.

NOCTURNO

A Rosario

Manuel Acuña
Saltillo, Coahuila, México. 1849-1873

I

¡Pues bien!, yo necesito
   decirte que te quiero
decirte que te adoro,
   con todo el corazón;
que es mucho lo que sufro,
   y mucho lo que lloro,
que ya no puedo tanto
   y al grito en que te imploro
te imploro y te hablo en nombre
   de mi última ilusión.

II

Yo quiero que tú sepas
   que ya hace muchos días
estoy enfermo y pálido
   de tanto no dormir;
que ya se han muerto todas

las esperanzas mías;
que están mis noches negras,
tan negras y sombrías,
que ya no sé ni dónde
se alza el porvenir.

III

De noche, cuando pongo
mis sienes en la almohada
y hacia otro mundo quiero
mi espíritu volver,
camino mucho, mucho,
y al fin de la jornada
las formas de mi madre
se pierden en la nada
y tú de nuevo vuelves
en mi alma a aparecer.

IV

Comprendo que tus besos
jamás han de ser míos,
comprendo que en tus ojos
no me he de ver jamás,
y te amo, y en mis locos
y ardientes desvaríos
bendigo tus desdenes,
adoro tus desvíos,
y en vez de amarte menos
te quiero mucho más.

V

A veces pienso en darte
mi eterna despedida,
borrarte en mis recuerdos
y hundirte en mi pasión;

mas si es en vano todo
   y el alma no te olvida,
¿qué quieres tú que yo haga,
   pedazo de mi vida?
¿Qué quieres tú que yo haga
   con este corazón?

VI

Y luego que ya estaba
   concluido tu santuario,
la lámpara encendida,
   tu velo en el altar;
el sol de la mañana
   detrás del campanario
chispeando las antorchas,
   humeando el incensario,
y abierta allá a los lejos
   la puerta del hogar...

VII

¡Qué hermoso hubiera sido
   vivir bajo aquel techo,
los dos unidos siempre
   y amándonos los dos;
tú siempre enamorada,
   yo siempre satisfecho;
los dos una sola alma,
   los dos un solo pecho,
y en medio de nosotros
   mi madre como un Dios!

VIII

¡Figúrate qué hermosas
   las horas de esa vida!
¡Qué dulce y bello el viaje
   por una tierra así!

Y yo soñaba en eso,
    mi santa prometida;
y al delirar en ello
    con alma estremecida,
pensaba yo en ser bueno
    por ti, nomás por ti.

IX

¡Bien sabe Dios que ése era
    mi más hermoso sueño,
mi afán y mi esperanza,
    mi dicha y mi placer;
bien sabe Dios que en nada
    cifraba yo mi empeño,
sino en amarte mucho
    bajo el hogar risueño
que me envolvió en sus besos
    cuando me vio nacer!

X

Ésa era mi esperanza...
    mas ya que a sus fulgores
se opone el hondo abismo
    que existe entre los dos,
¡adiós, por la vez última,
    amor de mis amores;
la luz de mis tinieblas,
    la esencia de mis flores;
mi lira de poeta,
    mi juventud, adiós!

NUBLOS

Fernando Celada
Xochimilco, D.F., México. 1872-1929

Ausencia quiere decir olvido,
decir tinieblas, decir jamás,
las aves pueden volver al nido,
pero las almas que se han querido,
cuando se alejan, no vuelven más.
¿No te lo dice la luz que expira?
¡Sombra es la ausencia, desolación...!
Si tantos sueños fueron mentira,
¿por qué se queja cuando suspira
tan hondamente mi corazón?
¡Nuestro destino fue despiadado!
¿Quién al destino puede vencer?
La ausencia quiere decir nublado...
¡No hay peor infierno que haberse amado...
para ya nunca volverse a ver!
¡Qué lejos se hallan tu alma y la mía!
La ausencia quiere decir capuz;
la ausencia es noche, noche sombría.
¿En qué ofendimos al cielo un día
que así nos niega su tibia luz?
Nuestras dos almas, paloma y nido,
calor y arrullo, no vuelven más
a la ventana del bien perdido...
¡La ausencia quiere decir olvido,
decir, tinieblas... Decir jamás!

Otelo ante Dios

Manuel Puga y Acal
Guadalajara, Jalisco, México. 1860-1930

¡Yo no sé cómo fue! La noche estaba silenciosa y sombría.
Arturo, rojo, en el cenit brillaba;
por la ventana abierta penetraba
inmensa paz. Desdémona dormía.
Llegué, como un ladrón, hasta su lecho,
ahogando, al marchar entre la sombra,
mis violentos latidos en el pecho
y mis trémulos pasos en la alfombra.
Sentía estrecho nudo en la garganta,
como si la oprimiera una serpiente;
fulguraba una lámpara muriente
de la madona ante la imagen santa.
Dióme enojo la luz: como en mi mente,
anhelaba hallar sombra por doquiera;
del foco aquel a los fulgores rojos
se estremeció mi mano justiciera
y sentí ansias de caer de hinojos.
Mas velaba el puñal en mi cintura,
saltó impaciente y díjome: Es la hora;
pronto se va a acabar la noche oscura,
despacha; tengo miedo de la aurora.
Yo contemplaba en tanto aquel tesoro
de hermosura; magníficos y bellos
caían destrenzados los cabellos,
cual cascada de oro.

Blanca estaba, muy blanca, sonreía;
y a mí me pareció que entre sus labios
los adúlteros besos palpitaban
y rugieron, cual tigres, los agravios
que en mi pecho doliente se abrigaban.
Así el puñal; pero la mano, inerme,
dejé caer sin fuerzas. Hierro infame,
le dije, ¿cómo quieres que derrame
su sangre y que la manche? Calla y duerme.
De súbito ella despertó; su acento,
arrullo de mis plácidos amores,
avivar sólo pudo mi tormento,
atizar sólo pudo mis rencores.
Habló. ¿Qué dijo? No lo sé. Lloraba
y llorando imploraba mi clemencia.
¡Locura era pedirme la existencia
a mí, que de dolor muriendo estaba!
Ansié mirarla pálida e inerte,
ansié apagar su profanada vida,
para que fuera al cabo redimida
en el sueño infinito de la muerte.
Si del amor, pensé, las sensaciones
en otros brazos ¡ay!, la conmovieron,
sean también las últimas, cual fueron
para mí, sus primeras convulsiones.
Y así, como la luz de la esperanza,
se apagó en mí de la razón la tea,
y surgió de las sombras una idea
sangrienta y pavorosa: la venganza.
Nada escuché: sentíame tigre hambriento;
mis manos se crisparon;
en redor de su cuello se anudaron,
haciéndole crujir, y poco a poco
se fue apagando su postrer lamento.
Yo estaba ciego... loco...

Después... ¿a qué seguir? Del sueño impío
me desperté, Señor, en tu presencia;
que si el fardo arrojé de la existencia
fue por venir a ti... ¡Perdón, Dios mío!

Culpable, pero más infortunado;
verdugo, pero víctima primero,
más merece, Dios santo y justiciero,
perdón, que no castigo mi pecado.
Yo la amaba, Señor, y de improviso
pensando en su traición y su falsía,
como lo fue Luzbel del Paraíso,
del amor arrojado me sentía.
Mas tú, Señor, que a la región oscura,
pensando en su traición y en su falsía
el arcángel rebelde despeñaste,
en tu justo rigor no imaginaste
tortura comparable a mi tortura.
De la artera calumnia entre las redes
¿por qué preso mi espíritu dejaste?
Tú sólo la verdad conocer puedes,
Señor... ¡Y tú callaste!

¡Mucho amé, mucho amé! Mi crimen mismo
la inmensidad de mi pasión pregona;
¿y cómo has de arrojarme tú al abismo
si Desdémona misma me perdona?
Al lado suyo, en tu mansión serena
encuentre al fin reposo el alma mía...
¿Acaso porque mucho amado había,
Señor, no perdonaste a Magdalena?

OTRA

Manuel Machado
Sevilla, España. 1874-1947

Puede que fueras tú... Confusamente,
entre la mucha gente,
esbelta, serpentina
—y vestida de blanco—
una mujer divina
llamó a mis ojos... Pero, ¡no! Tú vistes
el negro, siempre, de las noches tristes.

Puede que fueras tú... Porque mi alma
se salió toda por mis ojos... Tanto,
que si yo no pensara
en aquel pelo negro que tu cara
acaricia, ¡tan negro!... Juraría
que eras tú aquella rubia como el día.

Y puede que tú fueras. Aunque aquella
mujer iba apoyada
en el brazo de un hombre, alegre y bella.
Y rozándole la cara con su cabello,
con mirada indecible
de amor... ¡Y es imposible
que tu vuelvas a amar después de aquello!

PAQUITO

Salvador Díaz Mirón
Veracruz, Ver., México. 1853-1928

Cubierto de jiras,
al ábrego hirsutas,
al par que las mechas
crecidas y rubias,
el pobre chiquillo
se postra en la tumba;
y en voz de sollozos
revienta y murmura:
"Mamá, soy Paquito;
no haré travesuras".

Y un cielo impasible
despliega su curva.

"¡Qué bien que me acuerdo!
La tarde de lluvia;
las velas grandotas
que olían a curas;
y tú en aquel catre
tan tiesa, tan muda,
tan fría, tan seria,

y así tan *¡rechula!*
Mamá, soy Paquito;
no haré travesuras".

Y un cielo impasible
despliega su curva.

"Buscando comida
revuelvo basura.
Si pido limosna,
la gente me insulta,
me agarra la oreja,
me dice granuja,
y escapo con miedo
de que haya denuncia.
Mamá, soy Paquito;
no haré travesuras".

Y un cielo impasible
despliega su curva.

"Los otros muchachos
se ríen, se burlan,
se meten conmigo,
y a poco me acusan
de pleito al gendarme
que viene a la bulla;
y todo, porque ando
con tiras y sucias.
Mamá, soy Paquito;
no haré travesuras".

Y un cielo impasible
despliega su curva.

"Me acuesto en rincones
solito y a oscuras.

De noche, ya sabes,
los ruidos me asustan.
Los perros divisan
espantos y aúllan.
Las ratas me muerden,
las piedras me punzan...
Mamá, soy Paquito;
no haré travesuras".

Y un cielo impasible
despliega su curva.

"Papá no me quiere.
Está donde juzga
y riñe a los hombres
que tienen la culpa.
Si voy a buscarlo,
él bota la pluma,
se pone muy bravo,
me ofrece una tunda.
Mamá, soy Paquito;
no haré travesuras".

Y un cielo impasible
despliega su curva.

PARA ENTONCES

Manuel Gutiérrez Nájera
México, D.F., México. 1859-1895

Quiero morir cuando decline el día,
en alta mar y con la cara al cielo,
donde parezca un sueño la agonía
y el alma un ave que remonta el vuelo.

No escuchar en los últimos instantes,
ya con el cielo y con el mar a solas,
más voces ni plegarias sollozantes
y el majestuoso tumbo de las olas.

Morir cuando la luz triste retira
sus áureas redes de la onda verde,
y ser como ese sol que lento expira;
algo muy luminoso que se pierde...

Morir, y joven, antes que destruya
el tiempo aleve la gentil corona;
cuando la vida dice aún: soy tuya,
¡aunque sepamos bien que nos traiciona!

PARA UN MENÚ

Manuel Gutiérrez Nájera
México, D.F., México. 1859-1895

Las novias pasadas son copas vacías;
en ellas pusimos un poco de amor;
el néctar tomamos... huyeron los días...
¡Traed otras copas con nuevo licor!

¡Champán son las rubias de cutis de azalea;
Borgoña los labios de vivo carmín;
los ojos oscuros son vino de Italia,
los verdes y claros son vino del Rhin!

¡Las bocas de grana son húmedas fresas;
las negras pupilas escancian café,
son ojos azules las llamas traviesas
que trémulas corren como alma del té!

La copa se apura, la dicha se agota;
de un sorbo tomamos mujer y licor...
Dejemos las copas... Si queda una gota,
¡que beba el lacayo las heces de amor!

LOS PARIAS

Salvador Díaz Mirón
Veracruz, Ver. México. 1853-1928

Allá en el claro, cerca del monte,
bajo una higuera como un dosel,
hubo una choza donde habitaba
una familia que ya no es.
El padre, muerto; la madre, muerta también:
él de fatiga; ella, de angustia;
ellos, de frío, de hambre y sed.

Ha mucho tiempo que fui al bohío
y me parece que ha sido ayer.
¡Desventurados! Allí sufrían,
ansia sin tregua, tortura cruel.
Y en vano, alzando los turbios ojos,
te preguntaban, ¿Señor, por qué?,
y recurrían a tu alta gracia
dispensadora de todo bien.

¡Oh Dios! Las gentes sencillas rinden
culto a tu nombre y a tu poder:
a ti demandan favor los pobres,

a ti los tristes piden merced,
mas como el ruego resulta inútil,
pienso que un día —pronto tal vez—
no habrá miserias que se arrodillen,
no habrá dolores que tengan fe.

Rota la brida, tenaz la fusta,
libre el espacio, ¿qué hará el corcel?
La inopia vive sin un halago,
sin un consuelo, sin un placer.
Sobre los fangos y los abrojos
en que revuelca su desnudez,
cría querubes para el presidio
y serafines para el burdel.

El proletario levanta el muro,
practica el túnel, mueve el taller;
cultiva el campo, calienta el horno,
paga el tributo, carga el broquel;
y en la batalla sangrienta y grande,
blandiendo el hierro por patria o rey,
enseña al prócer con noble orgullo
cómo se cumple con el deber.

Más, ¡ay!, ¿qué logra con su heroísmo?
¿Cuál es el premio, cuál su laurel?
El desdichado recoge ortigas
y apura el cáliz hasta la hez.
Leproso, mustio, deforme, airado,
soporta apenas la dura ley,
y cuando pasa sin ver al cielo
la tierra tiembla bajo sus pies.

Francisco Torres
España.

Por entre las flores que adornan la reja,
asoma su cara alegre y risueña
una zagalilla, modelo de hembra,
con ojos muy negros y tez muy morena.
A poco un mocito de hechuras flamencas,
de prisa y gozoso, a la calle llega,
que es altar y trono...
¡Altar de su diosa, trono de su reina!
Ya están frente a frente,
la pava comienza:
—Hola, Carmencilla. ¡Olé, buena pieza!
—¿A dónde has estado, Currillo...? ¡Contesta!
¿Por qué no ha venío a la ocho y meia
como toa la noche... ¡Me tíe contenta!
Hace algún tiempo que tengo sospecha
de que tú me engaña, si verdá fuera
te juro por ésta...
—¿Qué hice, serrana?
—Que eres una prenda, que me engaña, curro.

—¿Yo engañarte, reina...? ¿Has perdido er juicio?
—Quisieras lo pierda... ¿Te parece bonito
tenerme cerca de do hora esperando?
—Nena, e que yo...
—No quío iscurpa...
—Espera y escucha un itante tan sólo,
princesa, que un grillo se escucha y vale una perra.
—Y tú vale meno que un grillo, tronera...
No quío escucharte mentira.
—¡Carmela...!, no tíe reparo, no tíe prudencia,
no tíe miramiento...
—Ni tú tíe vergüenza.
—Por Dios, no te enfade que pone muy fea
tu cara bonita, tu cara de reina...
—¿Ya viene con flore...? Pue largo con ella,
que aquí por fortuna no sobra maceta...
—¿Por qué eso modale, por qué? Di,
Carmela...
—Porque tengo celo.
—¿Quién e esa hembra que amarga tu vía?
—No lo sé; cuarquiera...
—Yo no conozco ni quío conocerla;
una lagartona que te quie pa ella
y no le importa er que yo me muera.
—Ar que eso te ha dicho er dinero te güerva.
Mira, mi arma toa entera
era e mi mare cuando a ti, morena,
no te conocía; mas la noche aquella
en que yo te vi por la vez primera,
la partí por medio pa que ansina fuera
la mitá pa ti, la mitá pa ella...
—Renuncio a mi parte de arma tan perra...
—¿Qué hice?
—Lo dicho: tú sin dúa piensa
que vas engañarme con la labia esa
que er Señó te ha dao. Pue no te lo crea,
que si tú ere pillo, yo no soy tan lela.

—¿Es que te has propuesto que tengamos gresca?
—Lo que yo deseo e que ya no güerva
má por esta calle, porque yo a la reja
no bajo ni a tiro pa que tú me vea...
—Ni farta que hace; no pase tú pena
por eso, chiquilla, ecuida, Carmela,
que yo te prometo darte gusto. ¡Ea!
—Adió, señorita...
—Adió, sinvergüenza...
La dama, nerviosa, la ventana cierra
y, tras la persiana, marchar le contempla;
él a cada paso vuelve la cabeza;
y exclama entre dientes:
—¡Que baje mañana a la reja, Dio mío!
Y entretanto, ella se queda gimiendo:
—¡Dio mío!, ¡que güerva!

LA PLEGARIA DE LOS NIÑOS

Ignacio Manuel Altamirano
Tixtla, Guerrero, México. 1834-1893

"En la campana del puerto
¡tocan, hijos, la oración...!
¡De rodillas!... y roguemos
a la madre del Señor
por vuestro padre infelice,
que ha tanto tiempo partió,
y quizás esté luchando
del mar con el furor.
Tal vez, a una tabla asido,
¡no lo permita buen Dios!
náufrago, triste y hambriento,
y al sucumbir sin valor,
los ojos al cielo alzando
con lágrimas de aflicción,
dirija el adiós postrero
a los hijos de su amor.
¡Orad, orad, hijos míos,
la Virgen siempre escuchó
la plegaria de los niños
y los ayes de dolor!"

En una humilde cabaña,
con piadosa devoción,
puesta de hinojos y triste
a sus hijos así habló
la mujer de un marinero
al oír la santa voz
de la campana del puerto
que tocaba a la oración.

Rezaron los pobres niños
y la madre, con fervor;
todo quedóse en silencio
y después sólo se oyó,
entre apagados sollozos,
de las olas el rumor.

. . . .

De repente en la bocana
truena lejano el cañón:
"¡Entra buque!", allá en la playa
la gente ansiosa gritó.
Los niños se levantaron;
mas la esposa, en su dolor,
"no es vuestro padre, les dijo;
tantas veces me engañó
la esperanza que hoy no puede
alegrarse el corazón".

Pero después de una pausa,
ligero un hombre subió
por el angosto sendero,
murmurando una canción.

Era un marino... ¡Era el padre!
La mujer palideció
al oírle y de rodillas,

palpitando de emoción,
dijo: "¿Lo veis hijos míos?
La Virgen siempre escuchó
la plegaria de los niños
y los ayes de dolor."

POR QUÉ ME QUITÉ DEL VICIO

Carlos Rivas Larrauri
México, D.F., México. 1900-1940

No es por hacerles desaigre...
Es que ya no soy del vicio...
Astedes mi lo perdonen,
pero es qui hace más de cinco
años que no tomo copas,
onqui ande con los amigos...
¿Qué si no me cuadran?... ¡Harto!
Pa' que he di hacerme el santito:
he sido reteborracho;
¡como pocos lo haigan sido!
¡Per'ora si ya no tomo,
manque me lleven los pingos!

Dendi antes que me casara
encomencé con el vicio;
y, aluego, ya de casado
también le tupí macizo...
¡Probecita de mi vieja!
¡Tan güena siempre conmigo...!
¡Por más que l'hice sufrir
nunca me perdió el cariño!

Era una santa la probe,
y yo con ella un endino;
nomás porque no sufriera
llegué a quitarme del vicio,
pero, poco duró el gusto,
la de malas se nos vino
y una nochi redepente,
quedó com'un pajarito.
Dicen que jue'l corazón...
Yo no sé lo que haiga sido;
pero sento en la concencia
que jue mi vicio cochino
el qu'hizo que nos dejara
solitos a mí y a m'hijo,
¡un chilpayate di ocho años
que quedaba güerfanito
a l'edá en qui hace más falta
la madre con su cariño!

Me sentí disesperado
de verme solo con m'hijo...
¡Probecita criaturita!
Mal cuidado... mal vestido
sempre solo...¡ Ricordando
al ángel que bia perdido.

Entonces pa' no pensar
golví a darle recio al vicio,
porque poniéndome chuco,
me jallaba más tranquilo,
y cuando ya'staba briago
y casi jueras de juicio,
parece que mi dijunta
taba allí, ¡junto conmigo!

Al salir de mi trabajo
m'iba yo con los amigos,
y, aluego, ya a medios chiles,

mercaba yo harto refino
y regresaba a mi casa
onde mi aguardaba m'hijo;
y allí, ¡duro!, trago y trago,
hasta ponerme bien pítimo...

   ¡Y ai'staba la tarugada!
Ya endinantes les he dicho
lueguito vía a mi vieja
que llegaba a hablar conmigo
y encomenzaba a decirme
cosas de mucho cariño,
y yo, a contestar con ella,
como si fuera dialtiro
cierto lo qu'estaba viendo,
en tan mientras y que m'hijo
si abrazaba a mí asustado
diciéndome el probe niño:

   "¿Onde está mi mamacita?
Dime onde'stá, papacito...
¿Es verdad que t'está hablando?
¿Cómo yo no la deviso...?"
"Pos qué no la ve, tarugo,
¡vaye que li haga cariños!"
¡Y el probecito lloraba
y pelaba sus ojitos
buscando ritiasustado
a aquella a quen tanto quiso...!

   Una noche, al regresar
d'estarle dando al oficio,
llego y, al abrir la puerta,
¡ay, Jesús, lo que deviso!
Hecho bola sobre el suelo,
taba tirado mi niño,
risa y risa com'un loco,
y pegando chicos gritos...

"¿Qué te pasa?... ¿Qué sucede...?
¿Ti has güelto loco dialtiro...?"
Pero intonces, en la mesa,
vide'l frasco del refino,
que yo bia dejado lleno,
enteramente vacío.

Luego luego me di cuenta
y me puse retemuino:
"¿Quí has hecho, escuincle malvado?
¡Ya bebites el refino...!
¡Pa' qui aprendas a ser güeno,
voy a romperte l'hocico...!"

Y luego con harto susto
que l'hizo golver el juicio,
y con una voz di angustia
que no he di olvidar, me dijo:

"¡No me pegues... no me pegues...!
No jui malo, papacito.
¡Jue pa ver a mi mamita
como cuando habla contigo!
¡Jue pa qu'ella me besara
y m'hiciera hartos cariños!"

....

Dend'entonces ya no tomo
onqui ande con los amigos...
No es por hacerles desaigre,
pero ya no l'entro al vicio...
Y cuando quero rajarme
porque sento el gusanito,
de tomarme alguna copa,
nomás mi acuerdo de m'hijo
y entonces sí ya no tomo
¡manque me lleven los pingos...!

Post-umbra

A mis queridos amigos Juan G. Wilson
y Manuel Caballero

Juan de Dios Peza
México, D.F., México. 1852-1910

Con letras ya borradas por los años,
en un papel que el tiempo ha carcomido,
símbolo de pasados desengaños,
guardo una carta que selló el olvido.

La escribió una mujer joven y bella.
¿Descubriré su nombre? ¡No!, ¡no quiero!
Pues siempre he sido, por mi buena estrella,
para todas las damas, caballero.

¿Qué ser alguna vez no esperó en vano
algo que si se frustra, mortifica?
Misterios que al papel lleva la mano,
el tiempo los descubre y los publica.

Aquellos que juzgáronme felice,
en amores que halagan mi amor propio,
aprendan de memoria lo que dice
la triste historia que a la letra copio:

"Dicen que las mujeres sólo lloran
cuando quieren fingir hondos pesares";
los que tan falsa máxima atesoran,
muy torpes deben ser, o muy vulgares.

Si cayera mi llanto hasta las hojas
donde temblando está la mano mía,
para poder decirte mis congojas
con lágrimas mi carta escribiría.

Mas si el llanto es tan claro que no pinta,
y hay que usar de otra tinta más oscura,
la negra escogeré, porque es la tinta
donde más se refleja mi amargura.

Aunque no soy para soñar esquiva,
sé que para soñar nací despierta.
Me he sentido morir y aún estoy viva;
tengo ansias de vivir y ya estoy muerta.

Me acosan de dolor fieros vestiglos,
¡qué amargas son las lágrimas primeras!
Pesan sobre mi vida veinte siglos,
y apenas cumplo veinte primaveras.

En esta horrible lucha en que batallo,
aun cuando débil, tu consuelo imploro,
quiero decir que lloro y me lo callo,
y más risueña estoy cuanto más lloro.

¿Por qué te conocí? Cuando temblando
de pasión, sólo entonces no mentida,
me llegaste a decir: "Te estoy amando
con un amor que es vida de mi vida".

¿Qué te respondí yo? Bajé la frente,
triste y convulsa te estreché la mano,
porque un amor que nace tan vehemente
es natural que muera muy temprano.

Tus versos para mí conmovedores,
los juzgué flores puras y divinas,
olvidando, insensata, que las flores
todo lo pierden menos las espinas.

Yo, que como mujer, soy vanidosa,
me vi feliz creyéndome adorada,
sin ver que la ilusión es una rosa,
que vive solamente una alborada.

¡Cuántos de los crepúsculos que admiras
pasamos entre dulces vaguedades;
las verdades juzgándolas mentiras,
las mentiras creyéndolas verdades!

Me hablabas de tu amor, y absorta y loca,
me imaginaba estar dentro de un cielo,
y al contemplar mis ojos y mi boca,
tu misma sombra me causaba celo.

Al verme embelesada, al escucharte,
clamaste, aprovechando mi embeleso:
"Déjame arrodillar para adorarte";
y al verte de rodillas te di un beso.

Te besé con arrojo, no se asombre
un alma escrupulosa y timorata;
la insensatez no es culpa. Besé a un hombre
porque toda pasión es insensata.

Debo aquí confesar que un beso ardiente,
aunque robe la dicha y el sosiego,
es el placer más grande que se siente
cuando se tiene un corazón de fuego.

Cuando toqué tus labios fue preciso
soñar que aquel placer se hiciera eterno.
Mujeres: es el beso un paraíso
por donde entramos muchas al infierno.

Después de aquella vez, en otras muchas,
apasionado tú, yo enternecida,
quedaste vencedor en esas luchas
tan dulces en la aurora de la vida.

¡Cuántas promesas, cuántos devaneos!
El grande amor con el desdén se paga:
toda llama que avivan los deseos
pronto encuentra la nieve que la apaga.

Te quisiera culpar y no me atrevo,
es, después de gozar, justo el hastío:
yo que soy un cadáver que me muevo,
del amor de mi madre desconfío.

Me engañaste y no te hago ni un reproche,
era tu voluntad y fue mi anhelo;
reza, dice mi madre, en cada noche;
y tengo miedo de invocar al cielo.

Pronto voy a morir; ésa es mi suerte;
¿quién se opone a las leyes del destino?
Aunque es camino oscuro el de la muerte,
¿quién no llega a cruzar ese camino?

En él te encontraré; todo derrumba
el tiempo, y tú caerás bajo su peso;
tengo que devolverte en ultratumba
todo el mal que me diste con un beso.

Mostrar a Dios podremos nuestra historia
en aquella región quizá sombría.
¿Mañana he de vivir en tu memoria...?
Adiós... adiós... hasta el terrible día.

Leí estas líneas y en eterna ausencia
esa cita fatal vivo esperando...
Y sintiendo la noche en mi conciencia,
guardé la carta y me quedé llorando.

Preciosa y el aire

Federico García Lorca
Fuente Vaqueros, Granada, España. 1898-1936

Su luna de pergamino
Preciosa tocando viene
por un anfibio sendero
de cristales y laureles.
El silencio sin estrellas,
huyendo del sonsonete,
cae donde el mar bate y canta
su noche llena de peces.
En los picos de la sierra
los carabineros duermen
guardando las blancas torres
donde viven los ingleses.
Y los gitanos del agua
levantan por distraerse
glorietas de caracolas
y ramas de pino verde.

Su luna de pergamino
Preciosa tocando viene.

Al verla se ha levantado
el viento que nunca duerme.
San Cristobalón desnudo,
lleno de lenguas celestes,
mira a la niña tocando
una dulce gaita ausente.
—Niña, deja que levante
tu vestido para verte.
Abre en mis dedos antiguos
la rosa azul de tu vientre.

Preciosa tira el pandero
y corre sin detenerse.
El viento-hombrón la persigue
con una espada caliente.

Frunce su rumor el mar.
Los olivos palidecen.
Cantan las flautas de umbría
y el liso gong de la nieve.

¡Preciosa, corre, Preciosa,
que te coge el viento verde!
¡Preciosa, corre, Preciosa!
¡Míralo por dónde viene!
Sátiro de estrellas bajas
con sus lenguas relucientes.

Preciosa, llena de miedo
entra en la casa que tiene,
más arriba de los pinos,
el cónsul de los ingleses.

Asustados por los gritos
tres carabineros vienen,
sus negras capas ceñidas
y los gorros en las sienes.

El inglés da a la gitana
un vaso de tibia leche,
y una copa de ginebra
que Preciosa no se bebe.

Y mientras cuenta, llorando,
su aventura a aquella gente,
en las tejas de pizarra
el viento, furioso, muerde.

¡Pué que me RAJARA!

Carlos Rivas Larrauri
México, D.F., México. 1900-1940

¿Que vaya yo a verla...? Ni manque esté loco.
¡Antes qu'ir a verla, primero me matan!
      Pa' mí, como muerta;
a mi no m'importa qu'este güena o mala,
      yo no tengo culpa
      de lo que le pasa...
Y... mira, mi cuate, por lo que más queras,
no güelvas a hablarme d'esa desgraciada;
      ni quero óir su nombre,
ni quero ya d'ella saber ni palabra...
Tú sabes, mi hermano, que yo la quería
      con todita mi alma;
      harto a ti te costa qui a naide en el mundo,
crioque ni a mi madre, ¡ni a mi madre santa,
      he querido tanto
      como a aquella ingrata...!
¿Pa' quén trabajando me pasaba el día...?
¿Pa' quén era todo lo que yo ganaba...?
      ¿Pa' quén mi cariño...?
      ¿Pa' quén mi costancia...?

Y aluego…, ¿pa' qué? Dispués de todo eso,
ya vites, manito, como jué la paga…
        Desdi antes, mucho antes
        qu'ella se largara,
yo vide clarito que ya mi cariño
        no le daba di ala;
yo vide clarito qu'estaba a desgusto;
ya no era la mesma mujer de su casa;
        ya era sólo el lujo
        lo que le cuadraba…
        Y como soy probe,
y pa' ella era poco lo que yo ganaba,
no quiso la endina seguir siendo güena,
no quiso la endina seguir siendo honrada,
S'echó pa' la calle… se tiró a la vida…
        y jué una de tantas…
        Y ora qui han pasado
        dos años de qui anda
rodando y rodando mesmamente como
        si juera una hilacha;
        ora qu'está probe;
        ora qu'está mala;
ora que no tiene quén si ocupe d'ella,
ni quén se priocupe de lo que le pasa;
ora que ricuerda que cuando era güena
        nada le faltaba,
Ora es cuando quere que yo la perdone
y que vaya a verla, pero…, ¡qué esperanzas!
        ¡Antes qu'ir a verla
        primero me matan!

        …………

Pero, oye, manito… aguárdate un pelo;
hazme una valona antes que te vayas:
di ai sobre la mesa agarra esos jierros,
        son los de mi raya…

Llévaselos todos... llévaselos luego...
No vaya a ser cosa de que li hagan falta...
Pero eso sí; júrame que no has de dicirle
              de mí una palabra...
No quero que sepa que mi ocupo d'ella...
No quero que sepa ni quén se los manda,
porque, si se alivia, pué ser qui algún día,
              la muy atascada,
si alcanzara el punto de venir a verme
              pa' darme las gracias,
y si viene a verme y en sus ojos prietos
              —más prietos que su alma—,
              deviso que bulle
              siquiera una lágrima,
pué que me ricuerde de cuando la quise
              con todita mi alma;
pué que me ricuerde que sólo vivía
resollando el aigre qu'ella resollaba;
              pué ser que de nuevo
              me buiga esta cháchara,
y manque he jurado que nada ni nadie,
por nada del mundo, mi hará perdonarla,
si ansina sucede... si ansina ricuerdo...
si miro en sus ojos siquiera una lágrima...
Antonces, mi cuate..., ¿pa' que he d'engañarte?
¡Manque soy muy hombre... pué que me rajara!

¡QUIÉN SABE!

José Santos Chocano
Lima, Perú. 1875-1934

Indio que asomas a la puerta
de esa tu rústica mansión,
¿para mi sed no tienes agua?
¿Para mi frío, cobertor?
¿Parco maíz para mi hambre?
¿Para mi sueño, mal rincón?
¿Breve quietud para mi andanza?
      —¡Quién sabe, señor!

Indio que labras con fatiga
tierras que de otros dueños son,
¿ignoras tú que deben tuyas
ser, por tu sangre y tu sudor?
¿Ignoras tú que audaz codicia,
siglos atrás, te las quitó?
¿Ignoras tú que eres el amo?
      —¡Quién sabe, señor!

Indio de frente taciturna
y de pupilas sin fulgor,

¿qué pensamiento es el que escondes
en tu enigmática expresión?
¿Qué es lo que buscas en tu vida?
¿Qué es lo que imploras a tu Dios?
¿Qué es lo que sueña tu silencio?
                    —¡Quién sabe, señor!

        ¡Oh raza antigua y misteriosa
de impenetrable corazón,
que sin gozar ves la alegría
y sin sufrir ves el dolor:
eres augusta como el Ande,
el Grande Océano y el Sol!

        Este tu gesto que parece
como de vil resignación
es de una sabia indiferencia
y de un orgullo sin rencor...

        Corre en mis venas sangre tuya;
y, por tal sangre, si mi Dios
me interrogase qué prefiero
—cruz o laurel, espino o flor,
beso que apague mis suspiros
o hiel que calme mi canción—
responderíale dudando:
                    —¡Quién sabe, señor!

¡QUIÉN SUPIERA ESCRIBIR!

Ramón de Campoamor
Navia, Asturias, España. 1817-1891

I

—Escribidme una carta, señor cura.
　　　　　—Ya sé para quién es.
—¿Sabéis quién es porque una noche oscura
nos visteis juntos?
　　　　　—Pues.
—Perdonad, mas...
　　　　　—No extraño ese tropiezo.
La noche... la ocasión...
Dadme pluma y papel. Gracias. Empiezo:
Mi querido Ramón:
—¿Querido?... Pero, en fin, ya lo habéis puesto...
　　　—Si no queréis...
　　　　　　—¡Sí, sí!
—¡Qué triste estoy! ¿No es eso?
　　　　　—Por supuesto.
—¡Qué triste estoy sin ti!
Una congoja, al empezar, me viene...

—¿Cómo sabéis mi mal...?
—Para un viejo, una niña siempre tiene
    el pecho de cristal.
—*¿Qué es sin ti el mundo? Un valle de amargura.*
    ¿Y contigo? Un edén.
—Haced la letra clara, señor cura,
    que lo entienda eso bien.

—*El beso aquel que de marchar a punto*
    te di... —¿Cómo sabéis...?
—Cuando se va y se viene y se está junto,
    siempre... no os afrentéis.

Y si volver tu afecto no procura,
    tanto me hará sufrir...
—¿Sufrir y nada más? No, señor cura,
    ¡que me voy a morir!

—¿Morir? ¿Sabéis que es ofender al cielo...?
    —Pues sí, señor; ¡morir!
—Yo no pongo *morir.* —¡Qué hombre de hielo!
    ¡Quién supiera escribir!

II

—¡Señor rector, señor rector! En vano
    me queréis complacer,
si no encarnan los signos de la mano
    todo el ser de mi ser.
Escribidle, por Dios, que el alma mía
    ya en mí no quiere estar;
que la pena no me ahoga cada día...
    porque puedo llorar.
Que mis labios, las rosas de su aliento,
    no se saben abrir;
que olvidan de la risa el movimiento
    a fuerza de sentir.

Que mis ojos, que él tiene por tan bellos,
     cargados con mi afán,
como no tienen quien se mire en ellos
     cerrados siempre están.
Que es, de cuantos tormentos he sufrido,
     la ausencia el más atroz;
que es un perpetuo sueño de mi oído
     el eco de su voz...;
que siendo por su causa el alma mía
     ¡goza tanto de sufrir!
Dios mío, ¡cuántas cosas le diría
     si supiera escribir!...

III

—Pues, señor, ¡bravo amor! Copio y concluyo:
     A don Ramón... En fin,
que es inútil saber para esto arguyo
     ni el griego ni el latín.

LA RAZA DE BRONCE

Amado Nervo
Tepic, Nayarit, México. 1870-1929

I

Señor, deja que diga la gloria de tu raza,
la gloria de los hombres de bronce, cuya maza
melló de tantos yelmos y escudos la osadía;
¡oh caballeros tigres!, ¡oh caballeros leones!,
¡oh caballeros águilas!, os traigo mis canciones;
¡oh enorme raza muerta!, te traigo mi elegía.

II

Aquella tarde, en el poniente augusto,
el crepúsculo audaz era una pira
como de algún átrida o de algún justo;
llamarada de luz o de mentira
que incendiaba el espacio, y parecía
que el sol al estrellar sobre la cumbre
su mole vibradora de centellas,
se trocaba en mil átomos de lumbre,
y esos átomos eran las estrellas.

Yo estaba solo en la quietud divina
del valle. ¿Solo? ¡No! La estatua fiera
del héroe Cuauhtémoc, la que culmina
disparando su dardo a la pradera,
bajo el palio de pompas vespertinas,
era mi hermana y mi custodia era.

Cuando vino la noche misteriosa
—jardín azul de margaritas de oro—
y calló todo ser y toda cosa,
cuatro sombras llegaron a mí en coro;
cuando vino la noche misteriosa
—jardín azul de margaritas de oro—.

Llevaban una túnica esplendente,
y eran tan luminosamente bellas
sus carnes, y tan fúlgida su frente,
que prolongaban para mí el poniente
y eclipsaban la luz de las estrellas.

Eran cuatro fantasmas, todos hechos
de firmeza, y los cuatro eran colosos
y fingían estatuas, y en sus pechos
radiaban bronces luminosos.

Y los cuatro entonaron almo coro...
Callaba todo ser y toda cosa;
y arriba era la noche misteriosa;
—jardín azul de margaritas de oro—.

III

Ante aquella visión que asusta y pasma,
yo, como Hamlet, mi doliente hermano,
tuve valor e interrogué al fantasma;
mas mi espada temblaba entre mi mano.

"¿Quién sois vosotros —exclamé—, que en presto
giro bajáis al valle mexicano?"
Tuve valor para decirles esto;
mas mi espada temblaba entre mi mano.

"¿Qué abismo os engendró? ¿De qué funesto
limbo surgís? ¿Sois seres, humo vano?"
Tuve valor para decirles esto;
mas mi espada temblaba entre mi mano.

"Responded —continué—. Miradme enhiesto
y altivo burlador ante el arcano".
Tuve valor para decirles esto;
¡mas mi espada temblaba entre mi mano...!

IV

Y un espectro de aquéllos, con asombros
vi que vino hacia mí, lento y sin ira.
Y llevaba una piel sobre los hombros
y en las pálidas manos una lira;
y me dijo con voces resonantes
en una lengua rítmica que entonces
comprendí: "¿Que quién somos? Los gigantes
de una raza magnífica de bronce.

"Yo me llamé Netzahualcóyotl y era
rey de Texcoco; tras de lid artera,
fui despojado de mi reino un día,
y en las selvas erré como alimaña,
y el barranco y la cueva y la montaña
me enseñaron su augusta poesía.

"Torné después a mi sitial de plumas,
y fui sabio y fui bueno; entre las brumas
del paganismo adiviné al Dios Santo;
le erigí una pirámide, y en ella,
siempre al fulgor de la primera estrella
y al son del huéhuetl, le elevé mi canto".

V

Y otro espectro acercóse; en su derecha
llevaba una macana, y una fina
saeta en su carcaj, de ónix hecha;
coronaban su testa plumas bellas,
y me dijo: "Yo soy Ilhuicamina,
sagitario del éter, y mi flecha
traspasa el corazón de las estrellas.

"Yo hice grande la raza de los lagos,
yo llevé la conquista y los estragos
a vastas tierras de la patria andina,
y al tornar de mis bélicas porfías
traje pieles de tigre, pedrerías
y oro en polvo... ¡Yo soy Ilhuicamina!"

VI

Y otro espectro me dijo: "En nuestros cielos
las águilas y yo fuimos gemelos:
¡Soy Cuauhtémoc! Luchando sin desmayo
caí..., ¡porque Dios quiso que cayera!
Mas caí como el águila altanera:
viendo al sol, y apedreada por el rayo.

"El español martirizó mi planta
sin lograr arrancar de mi garganta
ni un grito, y cuando el rey mi compañero
temblaba entre las llamas del brasero;
«¿Estoy yo, por ventura, en un deleite?»,
le dije, y continué, señudo y fiero,
mirando hervir mis pies en el aceite..."

VII

Y el fantasma postrer llegó a mi lado:
no venía del fondo del pasado
como los otros; mas del bronce mismo

era su pecho, y en sus negros ojos
fulguraba, en vez de ímpetus y arrojos,
la tranquila frialdad del heroísmo.

Y parecióme que aquel hombre era
sereno como el cielo en primavera
y glacial como cima que acoraza
la nieve, y que su sino fue, en la Historia,
tender puente de bronce entre la gloria
de la raza de ayer y nuestra raza.

Miróme con su límpida mirada,
y yo le vi sin preguntarle nada.
Todo estaba en su enorme frente escrito;
la hermosa obstinación de los castores,
la paciencia divina de las flores
y la heroica dureza del granito...

¡Eras tú, mi Señor; tú que soñando
estás en el panteón de San Fernando
bajo el dórico abrigo en que reposas;
eras tú que, en suelo peregrino,
ves marchar a la Patria en su camino,
rimando risas y regando rosas!

Eras tú, y a tus pies cayendo al verte;
"Padre" —te murmuré—, quiero ser fuerte;
dame tu fe, tu obstinación extraña;
quiero ser como tú, firme y sereno;
quiero ser como tú, paciente y bueno;
quiero ser como tú, nieve y montaña.

Soy una chispa: ¡enséñame a ser lumbre!
Soy un guijarro: ¡enséñame a ser cumbre!
Soy una linfa: ¡enséñame a ser río!
Soy un harapo: ¡enséñame a ser gala!
Soy una pluma: ¡enséñame a ser ala!
y que Dios te bendiga, ¡padre mío!

VIII

    Y hablaron tus labios, tus labios benditos,
y así respondieron a todos mis gritos,
a todas mis ansias: "No hay nada pequeño,
ni el mar ni el guijarro, ni el sol ni la rosa,
con tal de que el sueño, visión misteriosa,
le preste sus nimbos, ¡y tú eres el sueño!

    "Amar, eso es todo; querer, ¡todo es eso!
Los mundos brotaron al eco de un beso,
y un beso es el astro, y un beso es el rayo,
y un beso la tarde, y un beso la aurora,
y un beso los trinos del ave canora
que glosa las fiestas divinas de mayo.

    "Yo quise a la Patria por débil y mustia,
y entonces nos dimos los dos un gran beso;
los besos de amores son siempre fecundos;
un beso de amores ha creado los mundos;
amar... ¡eso es todo!, querer... ¡todo es eso!"

    Así me dijeron tus labios benditos,
así respondieron a todos mis gritos,
a todas mis ansias y eternos anhelos.
Después, los fantasmas volaron en coro,
y arriba los astros —poetas de oro—
pulsaban la lira de azur de los cielos.

REÍR LLORANDO

Juan de Dios Peza
México, D.F., México. 1852-1910

Viendo a Garrik, actor de la Inglaterra,
el pueblo al aplaudirlo le decía:
"Eres el más gracioso de la tierra,
y el más feliz..." Y el cómico reía.
Víctimas del "spleen" los altos lores,
en sus noches más negras y pesadas,
iban a ver al rey de los actores,
y cambiaban su "spleen" en carcajadas.

Una vez, ante un médico famoso,
llegóse un hombre de mirar sombrío:
—Sufro —le dijo— un mal tan espantoso
como esta palidez del rostro mío.
Nada me causa encanto ni atractivo;
no me importan mi nombre ni mi suerte;
en un eterno "spleen" muriendo vivo,
y es mi única pasión la de la muerte.
—Viajad y os distraeréis. —Tanto he viajado.
—Las lecturas buscad. —Tanto he leído.
—Que os ame una mujer. —Si soy amado.
—Un título adquirid. —Noble he nacido.
—¿Pobre seréis quizá? —Tengo riquezas.

—¿De lisonjas gustáis? —Tantas escucho.
—¿Qué tenéis de familia? —Mis tristezas.
—¿Vais a los cementerios? —Mucho... mucho.
—¿De vuestra vida actual tenéis testigos?
—Sí, mas no dejo que me impongan yugos:
yo les llamo a los muertos, mis amigos,
y les llamo a los vivos, mis verdugos.

    —Me deja —agregó el médico— perplejo
vuestro mal. Mas, no debo acobardaros;
tomad hoy por receta este consejo:
sólo viendo a Garrik podéis curaros.
—¿A Garrik? —Sí, a Garrik... La más remisa
y austera sociedad lo busca ansiosa;
todo aquel que lo ve, muere de risa:
tiene una gracia artística asombrosa.
—¿Y a mí... me hará reír? —Oh, sí, os lo juro.
Él, sí, nadie más que él. Mas... ¿qué os inquieta?
—Así —dijo el enfermo— no me curo;
yo soy Garrik... cambiadme la receta.

    Cuántos hay que cansados de la vida,
enfermos de pesar, muertos de tedio,
hacen reír como el actor suicida,
sin encontrar para su mal remedio.
¡Oh, cuántas veces al reír se llora!
Nadie en lo alegre de la risa fíe,
porque en los seres que el dolor devora
el alma llora cuando el rostro ríe.

    Si se muere la fe, si huye la calma,
si sólo abrojos nuestra planta pisa,
lanza a la faz la tempestad del alma
un relámpago triste: la sonrisa.
El carnaval del mundo engaña tanto,
que las vidas son breves mascaradas.
Aquí aprendemos a reír con llanto
y también a llorar con carcajadas.

RELIQUIA

Francisco A. de Icaza
México, D.F., México. 1863-1925

En la calle silenciosa
resonaron mis pisadas;
al llegar frente a la reja
sentí abrirse la ventana...

¿Qué me dijo? ¿Lo sé acaso?
Hablábamos con el alma...
como era la última cita,
la despedida fue larga.

Los besos y los sollozos
completaron las palabras
que de la boca salían
en frases entrecortadas.

"Rézale cuando estés triste,
dijo al darme una medalla,
y no pienses que vas solo
si en tus penas te acompaña".

Le dije adiós muchas veces
sin atreverme a dejarla,
y al fin, cerrando los ojos,
partí sin volver la cara.

....

No quiero verla, no quiero,
¡será tan triste encontrarla
con hijos que no son míos
durmiendo sobre su falda!

¿Quién del olvido es culpable?
Ni ella ni yo: la distancia...
¿Qué pensará de mis versos?
Tal vez mucho, quizá nada.

No sabe que en mis tristezas,
frente a la imagen de plata,
invento unas oraciones,
que suplen las olvidadas.

¿Serán buenas? ¡Quién lo duda!
Son sinceras y eso basta;
yo les rezo a mis recuerdos
frente a la tosca medalla.

Y se iluminan mis sombras
y se alegra mi nostalgia,
y cruzan nubes de incienso
el santuario de mi alma.

RETO

Julio Flores
Chiquinquirá, Colombia. 1867-1923

Si porque a tus plantas ruedo
como un ilota rendido,
y una mirada te pido,
con temor, casi con miedo;
si porque ante ti me quedo
extático de emoción,
piensas que mi corazón
se va en mi pecho a romper
y que por siempre he de ser
esclavo de mi pasión;
¡te equivocas, te equivocas!
fresco y fragante capullo,
yo quebrantaré tu orgullo
como el minero las rocas.

Si a la lucha me provocas
dispuesto estoy a luchar;
tú eres espuma, yo mar
que en sus cóleras confía;
me haces llorar; pero un día
yo también te haré llorar.

Y entonces, cuando rendida
ofrezcas toda tu vida,
perdón pidiendo a mis pies,
como mi cólera es
infinita en sus excesos,
¿sabes tú lo que haría en esos
momentos de indignación?
¡Arrancarte el corazón
para comérmelo a besos...!

LA ROSA NIÑA

Rubén Darío
Metapa, Nicaragua. 1867-1916

Cristal, oro y rosa, alba en Palestina,
salen los tres reyes de adorar al rey,
flor de infancia llena de una luz divina
que humaniza y adora la mula y el buey.

Baltasar medita, mirando la estrella
que guía en la altura. Gaspar sueña en
la visión sagrada. Melchor ve en aquella
visión, la llegada de un mágico bien.

Las cabalgaduras sacuden los cuellos
cubiertos de sedas y metales. Frío
matinal refresca belfos de camellos
húmedos de gracia, de azur y rocío.

Las meditaciones de la barba sabia
van acompasando los plumajes flavos,
los ágiles trotes de potros de Arabia
y las risas blancas de negros esclavos.

¿De dónde vinieron a la Epifanía?
¿De Persia? ¿De Egipto? ¿De la India? Es en vano
cavilar. Vinieron de la Luz del Día,
del Amor. Inútil pensar, Tertuliano.

El fin anunciaban de un gran cautiverio
y el advenimiento de un raro tesoro.
Traían un símbolo de triple misterio,
portando el incienso, la mirra y el oro.

En las cercanías de Belén se para
el cortejo. ¿A causa? A causa de que
una dulce niña de belleza rara
surge ante los magos, toda ensueño y fe.

—¡Oh, Reyes! —les dice—. Yo soy una niña
que oyó a los vecinos pastores cantar,
y desde la próxima florida campiña
miró vuestro regio cortejo pasar.

Yo sé que ha nacido Jesús Nazareno,
que el mundo está lleno de gozo por él,
y que es tan rosado, tan lindo y tan bueno,
que hace al sol más sol, y a la miel más miel.

Aún no llega el día... ¿Dónde está el establo?
Prestadme la estrella para ir a Belén.
No tengáis cuidado que la apague el diablo;
con mis ojos puros la cuidaré bien.

Los magos quedaron silenciosos. Bella
de toda belleza, a Belén tornó
la estrella; y la niña, llevada por ella
al establo, cuna de Jesús, entró.

Pero cuando estuvo junto a aquel infante,
en cuyas pupilas miró a Dios arder,
se quedó pasmada, pálido el semblante,
porque no tenía nada que ofrecer.

La Madre miraba su niño lucero;
las dos bestias buenas daban su calor;
sonreía el santo viejo carpintero;
y la niña estaba temblando de amor.

Allí había oro en cajas reales,
perfumes en frascos de hechura oriental,
inciensos en copas de finos metales,
y quesos, y flores, y miel de panal.

Se puso rosada, rosada, rosada...
ante la mirada del niño Jesús.
(Felizmente era su madrina un hada,
de Anatole France o el doctor Mardrús.)

¡Qué dar a ese niño, qué dar sino ella!
¿Qué dar a ese tierno, divino Señor?
Le hubiera ofrecido la mágica estrella,
la de Baltasar, Gaspar y Melchor...

Mas a los influjos del hada amorosa,
que supo el secreto de aquel corazón,
se fue convirtiendo poco a poco en rosa,
en rosa más bella que las de Sarón.

La metamorfosis fue santa aquel día
(la sombra lejana de Ovidio aplaudía),
pues la dulce niña ofreció al Señor,
que le agradecía y le sonreía,
en la melodía de la Epifanía,
su cuerpo hecho pétalos y su alma hecha olor.

EL ROSARIO DE MI MADRE

Salvador Rueda
Benaque, Málaga, España. 1857-1933

De la pobreza de tu herencia triste,
sólo he querido, oh madre, tu rosario;
sus cuentas me parecen el calvario
que en tu vida de penas recorriste.

Donde los dedos, al rezar, pusiste,
como quien reza a Dios ante el sagrario,
en mis horas de errante solitario
voy poniendo los besos que me diste.

Los cristales prismáticos y oscuros,
collar de cuentas y de besos puros,
me ponen, al dormir, círculo bello.

Y, de mi humilde lecho entre el abrigo,
¡me parece que tú rezas conmigo
con tus brazos prendidos a mi cuello!

SALMO DE AMOR

Eduardo Marquina
Barcelona, España. 1879-1946

¡Dios te bendiga, amor, porque eres bella!
¡Dios te bendiga, amor, porque eres mía!
¡Dios te bendiga, amor, cuando te miro!
¡Dios te bendiga, amor, cuando me miras!

¡Dios te bendiga si me guardas fe;
si no me guardas fe, Dios te bendiga!
¡Hoy que me haces vivir, bendita seas;
cuando me hagas morir, seas bendita!

¡Bendiga Dios tus pasos hacia el bien;
tus pasos hacia el mal, Dios los bendiga!
¡Bendiciones a ti cuando me acoges;
bendiciones a ti cuando me esquivas!

¡Bendígate la luz de la mañana
que al despertarte hiere tus pupilas;
bendígate la sombra de la noche,
que en su regazo te hallará dormida!

¡Abra los ojos para bendecirte,
antes de sucumbir, el que agoniza!
¡Si al herir te bendice el asesino,
que por su bendición Dios le bendiga!

¡Bendígate el humilde a quien socorras!
¡Bendígante, al nombrarte, tus amigas!
¡Bendígante los siervos de tu casa!
¡Los complacidos deudos te bendigan!

¡Te dé la tierra bendición en flores
y el tiempo en copia de apacibles días,
y el mar se aquiete para bendecirte,
y el dolor se eche atrás y te bendiga!

¡Vuelva a tocar con el nevado lirio,
Gabriel, tu frente, y la declare ungida!
¡Dé el cielo a tu piedad don de milagro
y sanen los enfermos a tu vista!

¡Oh querida mujer!... ¡Hoy que me adoras,
todo de bendiciones es el día!
¡Yo te bendigo, y quiero que conmigo
Dios y cielo y la tierra te bendigan!

SEMBRANDO

Marcos Rafael Blanco Belmonte
Córdoba, España. 1871-1936

De aquel rincón bañado por los fulgores
Del sol que nuestro cielo triunfante llena;
De la florida tierra donde entre flores
Se deslizó mi infancia dulce y serena;
Envuelto en los recuerdos de mi pasado,
Borroso cual lo lejos del horizonte,
Guardo el extraño ejemplo, nunca olvidado,
Del sembrador más raro que hubo en el monte.

Aún no sé si era sabio, loco o prudente
Aquel hombre que humilde traje vestía;
Sólo sé que al mirarle toda la gente
Con profundo respeto se descubría.
Y es que acaso su gesto severo y noble
A todos asombraba por lo arrogante:
¡Hasta los leñadores mirando al roble
Sienten las majestades de lo gigante!

244

Una tarde de otoño subí a la sierra
Y al sembrador, sembrando, miré risueño:
¡Desde que existen hombres sobre la tierra
Nunca se ha trabajado con tanto empeño!

Quise saber, curioso, lo que el demente
Sembraba en la montaña sola y bravía;
El infeliz oyóme benignamente
Y me dijo con honda melancolía:
—Siembro robles y pinos y sicomoros;
Quiero llenar de frondas esta ladera,
Quiero que otros disfruten de los tesoros
Que darán estas plantas cuando yo muera.

—¿Por qué tantos afanes en la jornada
Sin buscar recompensa? —dije. Y el loco
Murmuró, con las manos sobre la azada:
—Acaso tú imagines que me equivoco;
Acaso, por ser niño, te asombre mucho
El soberano impulso que mi alma enciende;
Por los que no trabajan, trabajo y lucho,
Si el mundo no lo sabe, ¡Dios me comprende!
Hoy es el egoísmo torpe maestro
A quien rendimos culto de varios modos:
Si rezamos, pedimos sólo el *pan nuestro*.
¡Nunca al cielo pedimos pan para todos!
En la propia miseria los ojos fijos,
Buscamos las riquezas que nos convienen
Y todo lo arrostramos *por nuestros hijos*.
¿Es que los demás padres hijos no tienen...?
Vivimos siendo hermanos sólo en el nombre
Y, en las guerras brutales con sed de robo,
Hay siempre un fratricida dentro del hombre,
Y el hombre para el hombre siempre es un lobo.
Por eso cuando al mundo, triste contemplo,
Yo me afano y me impongo ruda tarea
Y sé que vale mucho mi pobre ejemplo,

Aunque pobre y humilde parezca y sea.
¡Hay que luchar por todos los que no luchan!
¡Hay que pedir por todos los que no imploran!
¡Hay que hacer que nos oigan los que no escuchan!
¡Hay que llorar por todos los que no lloran!
Hay que ser cual abejas que en la colmena
Fabrican para todos dulces panales.
Hay que ser como el agua que va serena
Brindando al mundo entero frescos raudales.
Hay que imitar al viento, que siembra flores
Lo mismo en la montaña que en la llanura:
Y hay que vivir la vida, sembrando amores,
Con la vista y el alma siempre en la altura.

Dijo el loco, y con noble melancolía
Por las breñas del monte siguió trepando,
Y al perderse en las sombras, aún repetía:
—¡Hay que vivir sembrando! ¡Siempre sembrando...!

EL SEMINARISTA DE LOS OJOS NEGROS

Miguel Ramos Carrión
Zamora, España. 1848-1915

I

Desde la ventana de un casucho viejo,
abierta en verano, cerrada en invierno,
por vidrios verdosos y plomos espesos,
una salmantina de rubio cabello
y ojos que parecen pedazos de cielo,
mientras la costura mezcla con el rezo,
ve todas las tardes pasar en silencio
los seminaristas que van de paseo.

Baja la cabeza, sin erguir el cuerpo,
marchan en dos filas pausados y austeros,
sin más nota alegre sobre el traje negro,
que la beca roja que ciñe su cuello
y que por la espalda casi roza el suelo.

II

Un seminarista, entre todos ellos,
marcha siempre erguido, con aire resuelto;
la negra sotana dibuja su cuerpo
gallardo y airoso, flexible y esbelto.

Él solo a hurtadillas y con el recelo
de que sus miradas observen los clérigos,
desde que en la calle vislumbra a lo lejos
a la salmantina de rubio cabello
la mira muy fijo, con mirar intenso.

Y siempre que pasa le deja el recuerdo
de aquella mirada de sus ojos negros.

III

Monótono y tardo va pasando el tiempo
y muere el estío y el otoño luego,
y vienen las tardes plomizas de invierno.

Desde la ventana del casucho viejo,
siempre sola y triste rezando y cosiendo,
una salmantina de rubio cabello
ve todas las tardes pasar en silencio
los seminaristas que van de paseo.

Pero no ve a todos; ve sólo a uno de ellos;
su seminarista de los ojos negros.

IV

Cada vez que pasa gallardo y esbelto,
observa la niña que pide aquel cuerpo,
en vez de sotana, marciales arreos.

Cuando en ella fija sus ojos abiertos
con vivas y audaces miradas de fuego,
parece decirla: —¡Te quiero!, ¡te quiero!
¡yo no he de ser cura, yo no puedo serlo!
¡Si yo no soy tuyo, me muero, me muero!

A la niña entonces se le oprime el pecho,
la labor suspende y olvida los rezos,
y ya vive sólo en su pensamiento
el seminarista de los ojos negros.

V

En una lluviosa mañana de invierno
la niña que alegre saltaba del lecho,
oyó tristes cánticos y fúnebres rezos;
por la angosta calle pasaba un entierro.

Un seminarista sin duda era el muerto;
pues, cuatro, llevaban en hombros el féretro
con la beca roja por encima cubierto,
y sobre la beca el bonete negro.

Con sus voces roncas cantaban los clérigos;
los seminaristas iban en silencio,
siempre en dos filas hacia el cementerio,
como por las tardes al ir de paseo.

La niña angustiada miraba el cortejo;
los conoce a todos a fuerza de verlos...
Tan sólo, tan sólo faltaba entre ellos,
el seminarista de los ojos negros.

VI

Corrieron los años, pasó mucho tiempo...
Y allá en la ventana del casucho viejo,
una pobre anciana de blancos cabellos,
con la tez rugosa y encorvado el cuerpo,
mientras la costura mezcla con el rezo,
ve todas las tardes pasar en silencio
los seminaristas que van de paseo.

La labor suspende, los mira, y al verlos,
sus ojos azules ya tristes y muertos,
vierten silenciosas lágrimas de hielo.
Sola, vieja y triste, aún guarda el recuerdo
¡del seminarista de los ojos negros!

LA SERENATA
DE SCHUBERT

Manuel Gutiérrez Nájera
México, D.F., México. 1859-1895

¡Oh, qué dulce canción límpida brota
esparciendo sus blandas armonías,
y parece que lleva en cada nota
muchas tristezas y ternuras mías!
¡Así hablaría mi alma... si pudiera!
Así dentro del seno
se quejan, nunca oídos, mis dolores...
Así, en mis luchas, de congojas lleno,
digo a la vida: —¡Déjame ser bueno!
¡Así sollozan todos mis amores!
¿De quién es esa voz? Parece alzarse
junto al lago azul, en noche quieta,
subir por el espacio y desgranarse
al tocar el cristal de la ventana
que entreabre la novia del poeta...
¿No la oís cómo dice "hasta mañana"?
"¡Hasta mañana amor!" El bosque espeso
cruza cantando el venturoso amante,
el eco vago de su voz distante
decir parece: "¡Hasta mañana beso!"

¿Por qué es preciso que la dicha acabe?
¿Por qué la novia queda en la ventana?,
y a la nota que dice: "¡Hasta mañana!"
El corazón responde: "¿Quién lo sabe?"
¡Cuántos cisnes jugando en la laguna!
¡Qué azules brincan las traviesas olas!
En el seno ambiente, ¡cuánta luna!
Mas las almas, ¡qué tristes y qué solas!
En las ondas de plata
de la atmósfera tibia y transparente,
como una Ofelia náufraga y doliente,
¡va flotando la tierna serenata...!
    Hay ternura y dolor en este canto;
y tiene esa amorosa despedida
la transparencia nítida del llanto
¡y la inmensa tristeza de la vida!
El alma se compunge y estremece
al oír esas notas sollozadas...
¡Sentimos, recordamos, y parece
que surgen muchas cosas olvidadas!:
¡Un peinador muy blanco y un piano!
Noche de luna y de silencio afuera...
Un volumen de versos en mi mano,
y en el aire y en todo ¡primavera!
¡Qué olor de rosas frescas! En la alfombra,
¡qué claridad de luna! ¡Qué reflejos!
¡Cuántos besos dormidos en la sombra!
y la Muerte, la pálida, ¡qué lejos!
En torno al velador, niños jugando...
La anciana, que en silencio nos veía;
Schubert en su piano sollozando,
y en mi libro, Musset con su "Lucía".
¡Cuántos sueños en mi alma y en tu alma!
¡Cuántos hermosos versos, cuántas flores!
En tu hogar apacible, ¡cuánta calma!
Y en mi pecho, ¡qué inmensa sed de amores!
¡Y nada existe ya! Calló el piano...

Cerraste, virgencita, la ventana...
y oprimiendo mi mano con tu mano,
me dijiste también: "¡Hasta mañana!"
¡Hasta mañana...! Y el amor risueño
no pudo en tu camino detenerte...
Y lo que tú pensaste que era un sueño,
fue sueño, pero inmenso: ¡el de la muerte!
¡Ya nunca volveréis, noches de plata!
Ni unirán en mi alma su armonía
Schubert con su doliente serenata
y el pálido Musset con su "Lucía".

SI COPIA TU FRENTE

Gustavo A. Bécquer
Sevilla, España. 1836-1870

Si copia tu frente
del río cercano la pura corriente
y miras tu rostro de amor encendido
soy yo, que me escondo
del agua en el fondo
y loco de amores a amar te convido;
soy yo, que en tu pecho buscando morada,
envío a tus ojos mi ardiente mirada,
mi llama divina...
y el fuego que siento la faz te ilumina.
Si en medio del valle
en tardo se trueca tu andar animado,
vacila tu planta, se pliega tu talle...
soy yo, dueño amado
que en no vistos lazos
de amor anhelante, te estrecho en mis brazos;
soy yo, quien te teje la alfombra florida
que vuelve a tu cuerpo la fuerza y la vida;
soy yo, que te sigo
en alas del viento soñando contigo.
Si estando en tu lecho
escuchas acaso celeste armonía
que llena de goces tu cándido pecho,
soy yo, vida mía...

soy yo, que levanto
al cielo tranquilo mi férvido canto;
soy yo, que los aires cruzando ligero
por un ignorado movible sendero,
ansioso de calma,
sediento de amores, penetro en tu alma.

LA SILLA QUE AHORA NADIE OCUPA

Evaristo Carriego
Panamá, Argentina. 1833-1912

Con la vista clavada sobre la copa
se halla abstraído el padre desde hace rato,
pocos momentos hace rechazó el plato
del cual apenas quiso probar la sopa.

De tiempo en tiempo, casi furtivamente,
llega en silencio alguna que otra mirada
hasta la vieja silla desocupada,
que alguien, de olvidadizo, colocó enfrente.

Y, mientras se ensombrecen todas las caras,
cesa de pronto el ruido de las cucharas
porque insistentemente, como empujado

por esa idea fija que no se va,
el menor de los chicos ha preguntado
cuándo será el regreso de la mamá.

SUS DOS MESAS

José Asunción Silva
Bogotá, Colombia. 1865-1896

DE SOLTERA

En los tallados frascos guardados los olores
de las esencias diáfanas, dignas de alguna hurí,
un vaso raro y frágil do expiran unas flores,
el iris de un diamante, la sangre de un rubí
cuyas facetas tiemblan con vivos resplandores
entre el lujoso estuche de seda carmesí,
y frente del espejo la epístola de amores
que al irse para el baile dejó olvidada allí...

DE CASADA

Un biberón que guarda mezcladas dos terceras
partes de leche hervida y una de agua de cal,
la vela que reclama las despabiladoras
desde la palmatoria verdosa de metal;
en un rotundo frasco, cerca de las tijeras,
doscientos gramos de una loción medicinal;
un libro de oraciones, dos cucharas dulceras,
un reverbero viejo y un chupo y un pañal.

TABERNERO

Rubén C. Navarro

¡Tabernero!
¡Voy de paso!
¡Dame un vaso
de tu vino,
que me quiero
emborrachar,
para dejar de pensar
en este cruel destino
que me hiere sin cesar...!
¡Tabernero, dame vino,
del bueno para olvidar...!

Tú que a todos envenenas
con tu brebaje maldito,
¡cómo quieres comprender
lo infinito
de las penas
que da al morir un querer!

Acaso nada te apura
porque tienes la ventura

de tener
una dulce compañera
que te espera,
sin saber
que algún día, no lejano,
se irá con rumbo al Arcano,
para nunca más volver...

Yo también tuve un amor,
que fue grande, ¡quizá tanto
como lo es hoy mi dolor!
y también sentí el encanto
de una boca perfumada,
que en la frente y en los ojos
y en los labios me besó.
Yo también tuve mi amada
pero... ya no tengo nada
porque Dios me la quitó...

Ya ves qué amargo el Destino
que me hiere sin cesar.
¡Tabernero... dame vino...
del bueno... para olvidar...!

TÚ ME QUIERES BLANCA...

Alfonsina Storni
Argentina (nacida en Suiza). 1892-1938

Tú me quieres alba,
Me quieres de espuma,
Me quieres de nácar,
Que sea azucena,
Sobre todas casta.
De perfume tenue;
Corola cerrada,
Ni un rayo de luna
Filtrado me haya.
Ni una margarita
Se diga mi hermana.
Tú me quieres nívea,
Tu me quieres blanca,
Tú me quieres casta.

Tú que hubiste todas
Las copas a mano;
De frutas y mieles
Los labios morados.

Tú que en el banquete,
Cubierto de pámpanos,
Dejaste las carnes
Festejando a Baco.
Tú que en los jardines
Negros del engaño,
Vestido de rojo
Corriste al estrago.
¡Tú que el esqueleto
Conservas intacto,
No sé todavía
Por cuáles milagros,
Me pretendes blanca...
(Dios te lo perdone)
Me pretendes casta...
(Dios te lo perdone)
Me pretendes alba!

        ¡Huye hacia los bosques,
Vete a la montaña,
Límpiate la boca,
Vive en las cabañas,
Toca con las manos
La tierra mojada,
Alimenta el cuerpo
De raíz amarga,
Bebe de las rocas,
Duerme sobre escarcha,
Renueva tejidos
Con salitre y agua!
Habla con los pájaros
Y lévate al alba,
Y cuando las carnes
Te sean tornadas,
Y cuando hayas puesto
En ellas el alma

Que por las alcobas
Se quedó enredada,
Entonces, buen hombre,
Preténdeme nívea,
Preténdeme blanca,
Preténdeme casta.

Tú no sabes

Efrén Rebolledo
Actopan, Hidalgo, México. 1877-1929

Tú no sabes lo que es ser esclavo
de un amor impetuoso y ardiente,
y llevar un afán como un clavo,
como un clavo metido en la frente.

Tú no sabes lo que es la codicia
de morder en la boca anhelada,
resbalando la inquieta caricia
por contornos de carne nevada.

Tú no sabes los males sufridos
por quien lucha sin fuerzas y ruega,
y mantiene sus brazos tendidos
hacia un cuerpo que nunca se entrega.

Y no sabes lo que es el despecho
de pensar en tus formas divinas,
revolviéndome solo en mi lecho
que el insomnio ha sembrado de espinas.

TÚ NO SABES AMAR

Julio Flores
Chiquinquirá, Colombia. 1867-1923

Tú no sabes amar; ¿acaso intentas
darme calor con tu mirada triste?
El amor nada vale sin tormentas,
¡sin tempestades... el amor no existe!

Y, sin embargo, ¿dices que me amas?
No, no es amor lo que hacia mí te mueve:
el amor es un sol hecho de llamas,
y en los soles jamás cuaja la nieve.
¡El amor es volcán, es rayo, es lumbre,
y debe ser devorador, intenso;
debe ser huracán, debe ser cumbre...
debe alzarse hasta Dios como el incienso!

¿Pero tú piensas que el amor es frío?
¿Que ha de asomar en ojos siempre yertos?
Con tu anémico amor... anda, bien mío,
¡anda al osario a enamorar los muertos!

TU SECRETO

Evaristo Carriego
Panamá, Argentina. 1833-1912

¡De todo te olvidas! Anoche dejaste
aquí, sobre el piano, que ya jamás tocas,
un poco de tu alma de muchacha enferma:
un libro vedado, de tiernas memorias.

Íntimas memorias. Yo lo abrí, al descuido,
y supe, sonriendo, tu pena más honda,
el dulce secreto que no diré a nadie:
a nadie interesa saber que me nombras.

...Ven, llévate el libro, distraída, llena
de luz y de ensueño. Romántica loca...
¡Dejar tus amores ahí, sobre el piano!
...De todo te olvidas, ¡cabeza de novia!

UN BESO NADA MÁS

Manuel M. Florés
Sn. Andrés Chalchicomula, Puebla, Méx. 1840-1885

Bésame con el beso de tu boca,
cariñosa mitad del alma mía;
un solo beso el corazón invoca,
que la dicha de dos... me mataría.
        ¡Un beso nada más...! Ya su perfume
en mi alma derramándose la embriaga,
a mi alma por tu beso se consume
y por mis labios impaciente vaga.
        ¡Júntese con la tuya...! Ya no puedo
lejos tenerla de tus labios rojos...
¡Pronto... dame tus labios...! ¡tengo miedo
de ver tan cerca tus divinos ojos!
        Hay un cielo, mujer, en tus abrazos;
siento de dicha el corazón opreso...
¡Oh, sosténme en la vida de tus brazos
para que no me mates con tu beso!

UN SUEÑO

Gabriel D'Annunzio
Francavilla al Mare, Italia. 1864-1938

Estaba muerta, sin calor. La herida
era visible apenas en el flanco:
¡estrecha fuga para tanta vida!

El lienzo funeral no era más blanco
que el cadáver. Jamás humana cosa
verá el ojo, más blanco que aquel blanco.

Ardía Primavera, impetuosa,
los cristales, do cínifes inermes,
golpeaban con ala rumorosa.

Huyó de ella el calor. Yo dije: ¿Duermes?
con un salvaje sonreír, violento,
más cerca repetíle ¿duermes? ¿Duermes?

¿Duermes? Y al recordar que aquel acento
no era el mío, me crispó de pavura.
Escuché. Ni un murmullo, ni un acento.

Cautivo de la roja arquitectura,
se dilataba en el bochorno un fuerte
olor a destapada sepultura.

El hálito invisible de la muerte
me estaba sofocando en la cerrada
habitación. A la mujer inerte,

¿duermes?, le dije, ¿duermes? Nada, nada...
El lienzo funeral no era más blanco.
Sobre la tierra de los hombres, ¡nada
verá el ojo más blanco que aquel blanco...!

UNA MUJER
ENVENENÓ MI ALMA

Gustavo A. Bécquer
Sevilla, España. 1833-1912

Una mujer envenenó mi alma;
otra mujer envenenó mi cuerpo;
ninguna de las dos vino a buscarme;
yo de ninguna de las dos me quejo.

Como el mundo es redondo, el mundo rueda,
si mañana, rodando, este veneno
envenena a su vez, ¿por qué acusarme?
¿Puedo dar más de lo que a mí me dieron?

Veinte siglos

Alfonsina Storni
Argentina (nacida en Suiza). 1892-1938

Para decirte, amor, que te deseo,
sin los rubores falsos del instinto,
estuve atada como Prometeo,
pero una tarde me salí del cinto.

Son veinte siglos que movió mi mano
para poder decirte sin rubores:
"Que la luz edifique mis amores".
¡Son veinte siglos los que alzó mi mano!

Pasan las flechas sobre mis cabellos,
pasan las flechas, aguzados dardos...
¡Son veinte siglos de terribles fardos!
Sentí su peso al libertarme de ellos.

Y no creas que tenga el brazo fuerte,
mi brazo tiembla debilucho y magro,
pero he llegado entera hasta el milagro:
estoy acompañada por la muerte.

LA VIDA ES SUEÑO

(Fragmento)

Pedro Calderón de la Barca
Madrid, España. 1600-1681

Sueña el rey que es rey, y vive
con este engaño mandando,
disponiendo y gobernando;
y este aplauso que recibe
prestado, en el viento escribe;
y en cenizas le convierte
la muerte (¡desdicha fuerte!)
¡Qué hay quien intente reinar
viendo que ha de despertar
en el sueño de la muerte!
Sueña el rico en su riqueza
que más cuidados le ofrece,
sueña el pobre que padece
su miseria y su pobreza,
sueña el que a medrar empieza,
sueña el que afana y pretende,
sueña el que agravia y ofende,
y en el mundo, en conclusión,
todos sueñan lo que son
aunque ninguno lo entiende.

Yo sueño que estoy aquí
destas prisiones cargado,
y soñé que en otro estado
más lisonjero me vi.
¿Qué es la vida? Una ilusión,
una sombra, una ficción,
y el mejor bien es pequeño,
que toda la vida es sueño,
y los sueños, sueños son.

VOLVERÁN LAS OSCURAS GOLONDRINAS

Gustavo Adolfo Bécquer
Sevilla, España. 1836-1870

Volverán las oscuras golondrinas
en tu balcón sus nidos a colgar,
y otra vez, con el ala en sus cristales
jugando llamarán;

Pero aquellas que el vuelo refrenaban
tu hermosura y mi dicha al contemplar,
aquellas que aprendieron nuestros nombres...
Ésas... ¡no volverán!

Volverán las tupidas madreselvas
de tu jardín las tapias a escalar,
y otra vez, en la tarde, aún más hermosas
sus flores se abrirán;

Pero aquellas cuajadas de rocío
cuyas gotas mirábamos temblar
y caer como lágrimas del día...
Ésas... ¡no volverán!

Volverán del amor en tus oídos
las palabras ardientes a sonar;
tu corazón de su profundo sueño
      tal vez despertará;

Pero mudo y absorto y de rodillas
como se adora a Dios ante su altar,
como yo te he querido... desengáñate.
      Así no te querrán!

Y PENSAR
QUE PUDIMOS

Ramón López Velarde
Jerez, Zacatecas, México. 1888-1921

Y pensar que extraviamos
la senda milagrosa
en que se hubiera abierto
nuestra ilusión, como perenne rosa...
Y pensar que pudimos
enlazar nuestras manos
y apurar en un beso
la comunión de fértiles veranos...
Y pensar que pudimos,
en una onda secreta
de embriaguez, deslizarnos,
valsando un vals sin fin, por el planeta...
Y pensar que pudimos,
al rendir la jornada,
desde la sosegada
sombra de tu portal y en una suave
conjunción de existencias,
ver las cintilaciones del Zodiaco
sobre la sombra de nuestras conciencias...